Reitstunde

Kerstin Diacont

Reitstunde

Kerstin Diacont

Einbandgestaltung: Katja Draenert

Fotos: (Foto-Archiv Diacont)
Katharina Benzinger: Seiten 31, 110, 128, 129, 143 mitte, 159 unten
Barbara Juhnke: Seiten 28 rechts, 56 oben, 59 links, 90, 117 rechts
Michaela Maurer: Seiten 43 rechts, 73, 111 oben, 131
Ines Scholtyssek: Seiten 60, 61, 102, 108, 112, 114, 116 rechts, 150 unten
Peter Sowada: Seiten 66, 132 links
Nadine Steinbrionn: Seite 30
Frank Wagner: Seite 40 oben
Alle übrigen Fotos sowie alle Grafiken: Kerstin Diacont

ISBN 13: 978-3-275-01536-8
ISBN 10: 3-275-01536-2

Sie finden uns im Internet unter www.mueller-rueschlikon.ch

1. Auflage 2005

Lektorat: Claudia König
Innengestaltung: Kerstin Diacont
Reproduktionen: Kerstin Diacont
Druck und Bindung: Rung-Druck, 73033 Göppingen
Printed in Germany

Dank für nützliche Anregungen, konstruktive Kritik, fürs Fotografieren und Modellsitzen, -stehen, -reiten:

Miriam Bender (Tio Paco), Katharina Benzinger, Ute Dobberstein, Dr. Britta Eckert und Miriam Heeb (Viktoria), Narciso Arcas Garcia (Faraon), Annette Gaul und Katrin (Estrellina) Barbara Juhnke (Wotan), Dr. Holger Juhnke (Loxley), Helga Hink (Leistur), Irini und Carolina Karawassilis (Sam), Claudia König, Andrea Kosbadt (Tiede), Andrea Löffler, Silvana Marx (Aaron), Michaela Maurer (Fanny), Jeanette Pacher (Mani), Carolin Piegsa (Rhino), Claudia Quecke (Midnight), Dina Röhl (Baccara), Ines Scholtyssek (Gismo), Carolin Sellmann (Fyörgyn), Peter Sowada (Grando), Nadine Steinbronn (Mina und Goldlack), Frank Wagner, Anika Walden (Kasimir).

Inhalt

Einleitung

In diesem Buch geht es hauptsächlich um praktische Übungen. Es baut auf den beiden Büchern »Wie sag ich's meinem Pferd?« und »Erfolgreich arbeiten mit Pferden« auf.

Im 1. Teil werden wichtige Grundsätze für die Arbeit des Reiters an sich selbst und mit dem Pferd in Kurzform dargestellt. Er beschäftigt sich mit der »geistigen Vorarbeit« des Reitens – mit zweckmäßigen Konzepten, dem Verständnis von Zusammenhängen und »mentalem Training«.

Im 2. Teil werden gängige Lehrsätze, Anweisungen und Lektionen einzeln erläutert und hinsichtlich ihrer Bedeutung und ihres Sinns oder Unsinns für bestimmte Zielsetzungen hinterfragt.

Hier geht es um Zusammenhänge im Gesamtsystem Reiter+Pferd und praktische Übungen sowie Reitlektionen, um Bewegungsabläufe zu verbessern, Blockaden zu beheben, Probleme zu lösen und schließlich die Einwirkung zu minimieren. Ziel ist die harmonische Einheit von Pferd und Reiter mit unsichtbarer Hilfengebung.

Verbreitete Probleme in der täglichen Arbeit, konzeptionelle Fehler beim Reiten und bei der Erziehung des Pferdes sowie häufig im Reitunterricht auftretende Verständnisprobleme bzw. Fehlinterpretationen von bekannten Kommandos werden ausführlich dargestellt. Dabei werden Fragen beantwortet, die im Reitalltag oft gestellt werden: Was will ich damit erreichen? Wofür ist das gut? Was ist genau damit gemeint? Wie sieht es richtig aus?

Blockaden und Verspannungen in verschiedenen Körperteilen von Reiter und/oder Pferd und ihre Auswirkungen auf das Gesamtsystem Reiter+Pferd werden einzeln aufgegriffen, individuelle Ursachen aufgezeigt und Lösungsmöglichkeiten angeboten. Besonderes Augenmerk liegt dabei auf den stark unterschiedlichen körperlichen und psychischen Voraussetzungen der Beteiligten. Jedes Pferd und jeder Reiter schleppt einen ganz individuellen »Sack von Vorzügen und Nachteilen« mit sich herum; Statur und Körperbau, körperliche Asymmetrien und Schwächen, Kondition, Konstitution, Temperament und Auffassungsgabe bedingen das Lerntempo und den Ausbildungsweg bzw. den Reitstil. Das gilt für den Reiter und das Pferd als Individuum und zusätzlich für das jeweilige Gesamtsystem Reiter+Pferd.

Unterschiedliche Probleme und Ziele erfordern unterschiedliche Methoden – manchmal sogar eine komplette kurz- oder längerfristige Änderung des Reitstils. Als grundsätzliche Richtlinie kann gelten: **Verbesserungen und Problemlösungen sind eher durch Reduzierung als durch Verstärkung von Zwang und Druck zu erreichen.** Auch kann es immer wieder sinnvoll sein, dass Reiter und Pferd gewisse Dinge zu Beginn unabhängig voneinander lernen. Der Reiter kann sein Bewegungsgefühl besser schulen, wenn er sich nicht gleichzeitig auf das Pferd konzentrieren muss und das Pferd lernt so manchen Bewegungsablauf besser ohne das Gewicht des Reiters auf dem Rücken. Das gilt vor allem dann, wenn schon massive Probleme aufgetreten sind und sich Reiter und Pferd womöglich gegenseitig blockieren, wenn eine »Umorganisation« unzweckmäßiger Verhaltens- und Bewegungsmuster nötig wird.

Dieses Buch wendet sich an den fortgeschrittenen Reiter jeder Reitweise, der immer mal wieder gedacht hat »Geht das nicht auch anders, besser, einfacher, harmonischer, kraftsparender ...?« Welches Ziel will ich persönlich mit dieser oder jener Methode erreichen?«

Theoretischer Teil

Das Pferd als Spiegel des Reiters

Die Arbeit des Reiters an sich selbst – körperlich und psychisch – steht an erster Stelle. Erst dann kommt die Arbeit mit dem Pferd, dessen Erziehung und »Formung«.

Es gilt die Reihenfolge:

A »Selbst-Bewusst-Sein« entwickeln – sich seiner selbst bewusst werden, sich selbst »ins Lot bringen«, sich des eigenen Körpers bewusst werden, Souveränität (und damit Autorität) erreichen.

B Bewusst und gezielt auf das Pferd einwirken.

Die Einwirkung auf das Pferd hat immer eine körperliche und eine geistige/mentale Komponente.

Die körperliche Komponente, die Einwirkung mittels der Hilfen, muss vor allem deutlich und unmissverständlich sein. Das ist sie dann, wenn der Reiter Körperbewusstsein und Bewegungsgefühl besitzt, wenn er also genau weiß, was er tut, und wie er es tut.

Die geistige Komponente bezieht sich auf das Abfragen logischer Parameter: »Ist das Pferd körperlich und geistig schon in der Lage, das auszuführen, was ich von ihm will? Versteht es mich richtig? Was will ich mit dieser oder jener Übung erreichen?«

Sie bezieht sich des Weiteren auf Willenskraft und Durchsetzungsvermögen. Und sie beinhaltet taktische und planerische Fähigkeiten wie Konzentration, Konsequenz und Vorausdenken, d.h. auch die Konsequenzen einer Handlung zu bedenken, bevor man sie ausführt.

Dazu kommt noch ein wenig Einfühlungsvermögen und psychologisches Geschick, um das Pferd »bei Laune zu halten«.

Reiten beginnt im Kopf – was noch vor dem Reiten kommt ...

Zur geistigen Vorarbeit des Reitens gehört vor allem das »Sehen-Lernen«. Idealbilder, Idealvorstellungen müssen im Kopf entstehen – und notfalls mit zunehmender Erfahrung auch verändert werden. Nur dann ist der Reiter in der Lage, Beurteilungskriterien zur Überprüfung seiner eigenen Arbeit und auch der anderer Reiter zu entwickeln. Die Arbeit mit Pferden ist ein lebenslanger Lernprozess sowohl hinsichtlich der Beurteilungskriterien als auch in Bezug auf die Entwicklung des eigenen Gefühls und der eigenen »Reittechnik«. Der »gute« Reiter lernt ein Leben lang weiter und modifiziert ständig seine Ideale. Im Zuge dieses Weiterlernens kann es allerdings auch vorkommen, dass das ein oder andere bislang verehrte Vorbild »vom Sockel fällt«.

Bewegungsqualität

Entscheidungs-Freiheit im Kopf

Ein Reiter mit »Entwicklungspotenzial« besitzt die mentale Stärke, Fehler zuzugeben und seine bisherige Arbeit in Frage zu stellen. Hat er einen Weg gefunden, der ihm besser geeignet scheint für sich selbst und sein spezielles Pferd, so setzt er sich souverän über wohlmeinende Ratschläge »formal-konservativ« denkender Stallkollegen hinweg und lässt sein Pferd auch mal in einer Haltung laufen, die rein optisch nicht richtig aussieht, aber ein bestimmtes Problem beheben kann.

Bewegungsqualität beurteilen – Ursache und Wirkung trennen

Wer »sehen und fühlen gelernt« hat und Bewegungsqualität beurteilen kann, der achtet auf »wichtige Schaltstellen« und nicht auf zweitrangige Kriterien. Die wichtigste Schaltstelle in einer Reiter-Pferd-Kombination ist der Rücken des Pferdes in Verbindung mit dem – verlängerten – Rücken des Reiters (speziell dem Gesäß und dem Becken). Die erste Frage ist immer: Schwingt der Rücken und kann der Reiter sitzen? Als Zweites kommt die Hinterhand des Pferdes. Alles andere ist nachrangig. Insbesondere die »richtige« Haltung des Pferdekopfes, das »Am-Zügel-Gehen«, ergibt sich erst aus einem schwingenden Pferderücken und einem aktiven Untertreten der Hinterhand. (Die »richtige« Kopfhaltung ist die Auswirkung, funktionelle Arbeit von Rücken und Hinterhand ist die Ursache.)

Wer zuerst an der Kopfhaltung arbeitet, zäumt das Pferd vom Schweif her auf. Ein Pferd, welches über dem Zügel geht und/oder den Unterhals herausdrückt, mit Hilfszügeln in eine »formal akzeptable« Haltung zu pressen, verschlimmert fast immer bestehende Probleme, weil nicht die Ursache bekämpft wird (nämlich eine mangelhafte Rücken- und Hinterhandtätigkeit). Der richtige Weg führt über die Biegearbeit und das Aktivieren des jeweils inneren Hinterbeines, wie im praktischen Teil erläutert wird.

Ein »festgezogenes« Pferd kann z.B. durch kurzfristige (notfalls auch längerfristige) Aufgabe der Anlehnung entspannt werden, auch wenn das nicht sofort gut aussieht.

Es gehört jedoch eine Menge Selbstbewusstsein dazu, sich über hämische Bemerkungen von Zuschauern an der Bande wie »der fällt ja völlig auseinander« hinwegzusetzen und sein als richtig erkanntes Programm fortzusetzen. Und es gehört auch Geduld dazu, denn die »alternativen Methoden« dauern manchmal etwas länger. Dafür führen sie zu einem nachhaltigeren Erfolg.

Vorausdenken und einen Gedanken zu Ende führen

Eine langfristig erfolgreiche Arbeit muss durchdacht sein. Die tatsächlichen Ursachen für Probleme müssen erkannt und Lösungswege erarbeitet werden. Wichtig ist, dass die Lösungswege für diese spezielle Mensch-Pferd-Kombination »gangbar« sind. Ein eher unerfahrener oder unsicherer Reiter muss einen anderen Weg einschlagen als ein erfahrener, souveräner. Er muss unter Umständen mehr Geduld aufbringen und sich kleinere Zwischenziele stecken. Er muss auf einem Terrain

Gedankenkraft vermag das Pferd zu formen, wenn das »vorgestellte Idealbild« stimmt.

»Leichtfüßigkeit« ist ein Kriterium für Bewegungsqualität.

arbeiten, auf dem er sich sicher fühlt: das kann in vielen Fällen die Boden- und Longenarbeit sein.
Je unerfahrener der Reiter, umso wichtiger ist es, dass er möglichst viele Reit-Situationen im Kopf durchspielt. Nach dem Muster »was kann ich tun, wenn dies oder jenes passiert?« kann er die Konsequenzen einer Handlung vorher bedenken und schließlich auch eingefahrene (falsche) Verhaltensmuster und Reflexe »umprogrammieren«, sich praktisch selbst neu konditionieren.

Viele Balanceprobleme des Pferdes resultieren aus Balanceproblemen des Reiters.

Konsequent und folgerichtig (= logisch) handeln

»Das muss fürs Pferd sinnvoll sein«. Diesen Ausspruch sollte sich jeder Reiter (als Lehrer/Ausbilder des Pferdes) hinter die Ohren schreiben. Nicht für den reitenden Menschen muss etwas sinnvoll sein, sondern der Schüler »Pferd« muss es nachvollziehen können. Der Reiter sollte deswegen wissen, dass das Pferd unter Umständen andere logische Verknüpfungen herstellt, als der Mensch. Sein »Pferde-Motivierungs-System«, bestehend aus Lob und Tadel (sprich in Ruhe-Lassen/bestätigen/loben und korrigieren/»ärgern«/strafen) muss für das Pferd eindeutig und konsequent sein. Es gibt nur Ja oder Nein, keinesfalls ein Vielleicht. Bestätigung, Lob und Korrektur müssen immer sofort erfolgen.

Reaktion abwarten!

Alle Aufforderungen an das Pferd, etwas zu tun oder zu lassen müssen kurz und knapp sein und dem Pferd auch eine Reaktionszeit lassen. Die Reaktionszeit ist besonders bei neuen Lektionen immens wichtig; der Reiter gibt eine Hilfe und wartet erst einmal, was passiert; er überfällt nicht das Pferd sofort mit einer zweiten und dritten »Verstärker-Hilfe«, sondern verstärkt erst dann, wenn sich das Pferd »taub gestellt« hat.

Konzentration und Willenskraft ohne Verbissenheit

Der im praktischen Teil beschriebene Wahrnehmungssitz verhindert Verspannungen beim Reiter und in der Folge beim Pferd. Er lässt unverkrampfte Konzentration zu und ermöglicht damit schnelle Korrekturen – der Wille des Reiters kann ohne »Gewürge« durchgesetzt werden; dem Pferd werden keine »Ausweichmanöver« gestattet.

»Trockentraining«

»Bewegungslehre und Körperbewusstsein für Reiter«

Um nicht zu oft wiederholen zu müssen, werden die folgenden Übungen vorangestellt. In den Verbesserungsvorschlägen wird dann Bezug auf diese Übungen genommen.

Übungen auf einem Stuhl sitzend:

Der Reiter sitzt mit aufgerichtetem Oberkörper auf einem Stuhl, so dass er beide Gesäßknochen gleichmäßig stark spürt. Die Beine sind leicht geöffnet und stehen gleichmäßig weit auseinander, die Fußsohlen berühren voll den Boden und stehen auf einer Linie (nicht ein Fuß weiter vorn als der andere). Der Kopf ist erhoben, so dass er sich leicht seitlich aus dem Okzipitalgelenk drehen lässt. Die Schultern hängen locker nach unten, die Ellbogen sind abgewinkelt, die Hände stehen locker und gerade in Anlehnung an die Zügelhaltung.

Jetzt beginnt der Reiter, einzelne Parameter an seiner Haltung zu verändern.

Er tut dies sehr langsam und bewusst (evtl. auch mit geschlossenen Augen zum Zweck besserer Ausrichtung auf die Vorgänge im Körper) und konzentriert sich darauf, wie sich seine Haltungsänderungen auf die Sitzknochen, auf Hüfte und Becken auswirken.

1. Die Kopfdrehung

Beginnen wir mit einer leichten Kopfdrehung; Drehen Sie den Kopf langsam nach rechts und links ohne in der Halswirbelsäule (HWS) abzuknicken (den Kopf nicht in den Nacken legen und nicht nach unten schauen).

Drehen Sie anfangs nur so weit, dass die Schulter nicht mitdreht. Können Sie spüren, wie sich der Druck auf den Sitzknochen ändert? Bei Kopfdrehung nach rechts kommt minimal mehr Gewicht auf den rechten Sitzknochen. Das spüren Sie nur, wenn Sie in lockerer Aufrichtung in »Mittelstel-

Grundhaltung
locker aufgerichtet mit freier Halswirbelsäule und Konzentration auf die Gesäßknochen

Kopfdrehung
aus der geraden Halswirbelsäule, ohne den Kopf in den Nacken oder schief zu legen

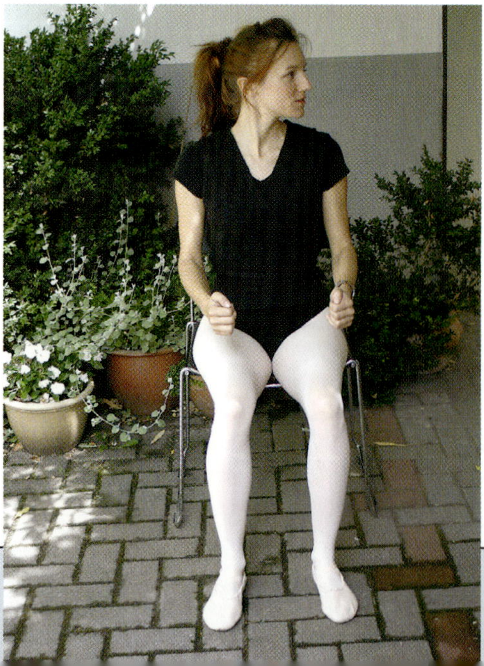

lung« sitzen und nur die Spannung im Sitz haben, die unbedingt notwendig ist, um die Aufrichtung zu erhalten.

»Auf die Hände setzen«

Wenn Sie Schwierigkeiten haben, die Druckveränderung in den Sitzknochen zu spüren, legen Sie sich die Hände mit den Handflächen nach oben unter die Gesäßknochen (setzen Sie sich auf Ihre Hände). Die sensiblen Rezeptoren in den Fingern und Handflächen reagieren sehr viel empfindlicher auf die Druckveränderung von oben als die Nerven um die Sitzknochen selbst.

Drehen Sie danach die Schulter leicht mit. Merken Sie, wie sich der Druck auf den Sitzknochen in Richtung der Drehung verstärkt?

2. Das »Verdrehen« im Oberkörper und seine Auswirkungen auf Sitzknochen und Gleichgewicht

Verdrehen Sie nun den gesamten Oberkörper, beginnend mit der Kopfdrehung, aus der Hüfte heraus. Sie können nun spüren, wie sich auf einmal (ab einem bestimmten Punkt der Verdrehung) die Be-lastung auf den Sitzknochen umkehrt:

Je mehr innere Schulter (und darauf folgend die innere Hüfte) nach hinten gezogen werden, umso deutlicher kommen äußere Hüfte und äußere Schulter vor und der äußere Gesäßknochen wird stärker belastet. Die Belastung bei einem starken Verdrehen aus der Hüfte liegt also nicht mehr in Richtung der Drehung, sondern diagonal entgegengesetzt. (Innen und außen werden hier so verwendet, wie auch auf dem Pferd: innen = hohle Seite des Pferdes = Blickrichtung – außen = gedehnte Seite des Pferdes = blickabgewandte Richtung.)

Ein Verdrehen im Oberkörper bringt also nicht etwa mehr Gewicht auf den inneren Gesäßknochen, sondern auf den äußeren. Hier liegt der Grund, warum man ein nach außen drängelndes Pferd nicht durch übertriebenes Hereindrehen des Oberkörpers in einer Wendung halten kann. Das Gewicht kommt

Verdrehen des Oberkörpers

Verdrehen des Oberkörpers (von vorne)

nach außen und unterstützt noch die Tendenz des Pferdes, nach außen zu drängen.

Wenn Sie sich bei dieser Übung wieder auf Ihre Hände setzen, werden Sie noch etwas anderes spüren: der äußere Gesäßknochen rutscht seitlich nach innen von der Hand herunter. Die beiden Gesäßknochen lägen in der entsprechenden Reitsituation nicht mehr symmetrisch rechts und links neben der Wirbelsäule des Pferdes – der Reiter säße in diesem Fall (beim Verdrehen) nicht mehr im Gleichgewicht.

3. Die innere Hand nach hinten ziehen

Versuchen Sie nun, nur die innere Hand nach hinten zu ziehen (an der Hüfte vorbei). Merken Sie, dass das Gleiche passiert? Innerer Gesäßknochen und innere Hüfte und Schulter kommen mit nach hinten, die äußere Hüfte kommt nach vorn, der äußere Sitzknochen wird stärker belastet – das Pferd folgt dieser Gewichtsverlagerung – und läuft nach außen (über die Schulter) weg – vor allem dann, wenn der äußere Zügel nicht kontrolliert. Deswegen kann man ein Pferd nicht einfach durch Nach-hinten-Ziehen am inneren Zügel abwenden. Und aus diesem Grund muss der innere Zügel auch immer so viel nachgefasst werden, dass die innere Hand vorne bleiben kann (um seitwärts stellend zu wirken).

4. Die seitwärts stellende Hand

Drehen Sie jetzt den Kopf und nehmen die innere Hand gleichzeitig leicht zur Seite (nur zur Seite, nicht gleichzeitig nach hinten). Bleiben Sie dabei im Oberkörper aufrecht. Spüren Sie, wie sich der Druck auf Ihren inneren Gesäßknochen verstärkt? Mit dieser seitlichen Wirkung der Hand haben wir den richtig seitwärts wirkenden Stellungszügel.

Der innere Zügel darf nur in dieser Art eingesetzt werden und nie nach hinten wirken. Viele Probleme (wenn nicht die meisten) mit der Biegung und Ausrichtung des Pferdes auf den Reitersitz (und

Die innere Hand nach hinten ziehen – und sich dabei auf die Belastungsänderung auf den Gesäßknochen konzentrieren.

Die seitwärts stellende Hand: Die Schultern werden nicht mitgedreht, der Kopf kann jedoch gedreht werden

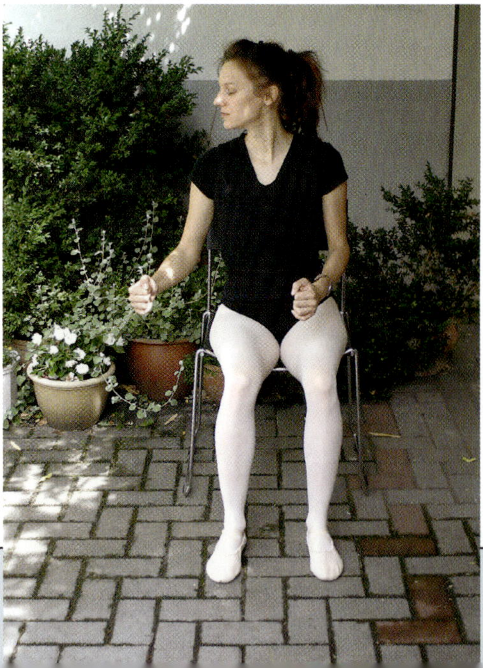

damit auch mit der Minimierung des Aufwandes für die Hilfengebung) entstehen aus dem ziehenden (rückwärts wirkenden) inneren Zügel.

Wie wir eben gesehen haben, bringt die nach hinten ziehende Hand den Reiter aus der richtigen Ausrichtung heraus. Das Pferd folgt dem Gewicht des Reiters nach außen und wird dann oft für seine an sich richtige Reaktion (es läuft unter das Gewicht des Reiters) auch noch bestraft.

Zudem klappen viele Pferde bei rückwärts ziehendem Zügel einfach nur ihren Hals aus der Schulter heraus nach innen, unterbrechen damit ihren seitlichen Spannungsbogen und gehen ungebogen weiter geradeaus (nur mit seitwärts abgeknicktem Hals).

5. Hängender Kopf – runder Rücken

Lassen Sie nun den Kopf hängen. Merken Sie, wie die Schultern leicht mit nach vorn kommen und der Rücken ansatzweise rund wird? Spüren Sie den Zug im hinteren Bereich der Schulterblätter und im Nacken?

Das Hängenlassen des Kopfes ist der erste Schritt zu einem Rundrücken und einem zusammengefallenen Reiteroberkörper.

Verstärken Sie nun den Rundrücken, indem Sie im Brustkorb zusammenfallen und den Bauch einziehen (die Bauchmuskeln anspannen, verkürzen): Die unteren Rippenbögen nähern sich den Beckenknochen, der Beckenkamm wird nach hinten gekippt. Merken Sie, wie die Schultern noch weiter nach vorn kommen und wie sich die Belastung auf **beiden** Sitzknochen verstärkt?

In dieser Haltung haben Sie Ihre eigene Wirbelsäule blockiert. Sie kann nicht mehr schwingen und dementsprechend auch die Rückenbewegung des Pferdes nicht mehr aufnehmen. Mit einem krummen, zusammengefallenen Sitz blockieren Sie deswegen auch die Schwingungen des Pferderückens. Ein so blockiertes Pferd wird entweder nicht mehr vor-

Der hängende Kopf – ist der Beginn des Zusammenfallens im Oberkörper.

Hängender Kopf – Verstärkung: Der Reiterkörper kommt in die blockierende Haltung, der Reiter verliert die Orientierung im Raum.

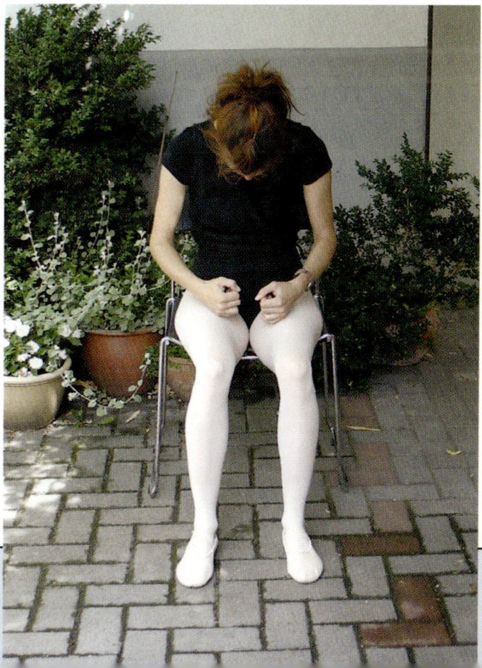

wärts gehen oder es wird den Rücken festmachen und davonrennen.

6. Zu langer Zügel, die »Hände in den Bauch ziehen«

Setzen Sie sich wieder aufrecht hin, und ziehen Sie jetzt einmal beide Hände nach hinten, Richtung Bauch. Merken Sie, wie der Bauch den Händen nach hinten ausweicht? Sie werden krumm und sitzen mit Rundrücken. Der Beckenkamm kippt nach hinten. Das passiert, wenn beide Zügel zu sind und Sie sich »die Zügel in den Bauch ziehen«.

Deswegen ist es wichtig, das Zügelmaß immer wieder zu korrigieren und nachzugreifen.

7. Zu kurzer Zügel

Strecken Sie nun beide Hände weit vor, so dass die Arme gerade sind. Merken Sie wie Spannung in die Schultern kommt und auch wieder der Rücken (hauptsächlich im oberen Bereich) rund wird. Das passiert, wenn der Zügel dauerhaft zu kurz ist und das Nachlassen/Nachgeben vergessen wird. Das Pferd zieht Sie praktisch nach vorn aus dem tiefen Sitz heraus.

Passen Sie also immer Ihre Zügellänge den aktuellen Erfordernissen an. Greifen Sie nach, wenn Sie einen kurzen Zügel brauchen, und lassen Sie den Zügel durch die Hand gleiten, wenn er länger werden muss.

8. Kopf in den Nacken legen

Legen Sie nun den Kopf in den Nacken. Spüren Sie, wie Sie ansatzweise ins Hohlkreuz fallen? Die Belastung auf den Sitzknochen wird geringer. Sie verlagert sich etwas weiter nach vorn auf den Ästen der Sitzbein-Schambein-Kufen (siehe Zeichnung S.34). Das Überstrecken der HWS nach hinten ist der erste Schritt zum Sitz mit dem Hohlkreuz.

9. Hohlkreuz, überstreckter Sitz, Spaltsitz

Machen Sie jetzt ein richtiges Hohlkreuz: Kippen

*Zu langer Zügel:
Der Reiter weicht mit dem Oberkörper seiner eigenen Hand aus.*

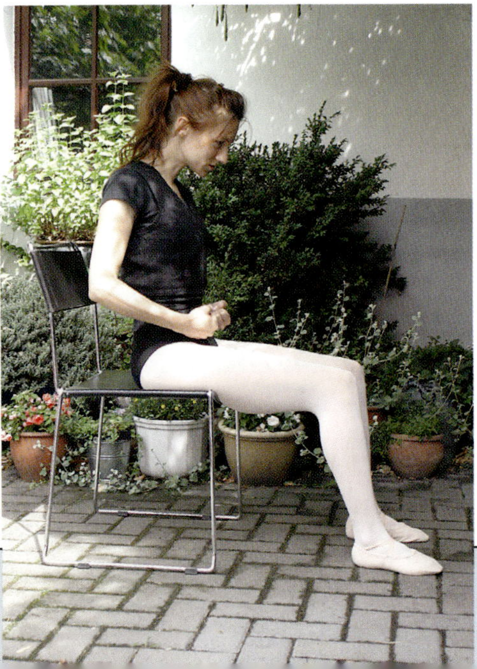

Zu kurzer Zügel - Hände vorgestreckt: erhöhte Spannung in Arm und Schulter, die Hand wird unsensibel und hart

Sie den Beckenkamm nach vorn, strecken Sie das Gesäß nach hinten heraus. Merken Sie, wie die Gesäßknochen immer weiter entlastet werden – Sie fallen in den Spaltsitz und sitzen auf den Sitzbein-Schambein-Kufen immer weiter vorn.

Verstärken Sie nun diesen »überstreckten« Sitz noch, indem Sie die Schulterblätter nach hinten zusammendrücken – und fühlen, wie Sie steif und verkrampft werden. Mit der veralteten Anweisung für einen aufgerichteten Sitz »Brust raus, Schulterblätter zusammen« bekommen Sie genau diesen Effekt: Den verkrampften Sitz im Hohlkreuz (auch Spaltsitz genannt) und eine weitere Wirbelsäulenblockade, die das Mitschwingen in der Rückenbewegung des Pferdes verhindert und es dem Reiter unmöglich macht, zu spüren, was das Pferd unter ihm tut.

»Der richtige Sitz ist Bewegung«

Der richtige »Sitz« des Reiters ist nicht statisch, sondern eine rhythmische Bewegung. Er schwingt über die aufgerichtete Normalstellung/Mittelstellung hinweg aus einer leichten Verstärkung des Wirbelsäulen-S in die gerade Stellung (eine Abschwächung des S). Übertreibt man die beiden Endpole der Schwingung, sitzt man mit Hohlkreuz oder Rundrücken und blockiert in diesen beiden Endstellungen sich und sein Pferd.

10. Hände auf den Oberschenkel ziehen – zu langer Zügel

Ziehen Sie jetzt beide Hände an den Hüften vorbei nach hinten oder auf den Oberschenkel herunter. Spüren Sie, wie Sie auch durch dieses Manöver in die überstreckte Haltung kommen, Ihre Schulter fest wird und Sie den Kontakt mit Ihren Gesäßknochen verlieren? Der Ellbogen hängt nicht mehr senkrecht aus der Schulter herunter, sondern wird aus der Schulter aktiv mit Muskelkraft nach hinten gezogen.

Ein solches Verhalten auf dem Pferd sieht man recht häufig: Der Zügel ist zu lang, und statt nach-

Kopf in den Nacken legen: Der Oberkörper kommt in die überstreckte Haltung, der Beckenkamm kippt nach vorn

Überstreckt – im Hohlkreuz: deutlicheres Kippen des Beckenkammes nach vorn – der Reiter sitzt nicht mehr auf den Gesäßknochen

zufassen zieht der Reiter die Hand nach hinten bzw. auf den Oberschenkel.

Es gilt die Richtlinie: Zügellänge häufig korrigieren und die Hand vor sich her tragen.

Ausladende Hand-, Arm- und Schulterbewegungen und deren direkte Auswirkungen auf den Sitz und die Gewichtsverteilung auf den Sitzknochen.

Arbeiten Sie jetzt verstärkt mit Händen und Armen. Die Auswirkungen von einem nach vorn ausgestreckten Arm und dem starken Zurückziehen Richtung Bauch oder Oberschenkel haben wir in den vorn beschriebenen Übungen schon gefühlt.

11. Arm heben, nach oben dehnen

Heben Sie den rechten Arm locker an und spüren Sie, auf welchem Gesäßknochen dabei das Gewicht ist (der rechte Sitzknochen sollte minimal stärker belastet sein). Dehnen Sie nun den rechten Arm so weit Sie können senkrecht nach oben, als ob Sie etwas hoch über Ihnen Hängendes erreichen wollen. Spüren Sie eine Veränderung der Belastung? Merken Sie, wie sich die ganze rechte Seite nach oben »verlängert«, die rechte Hüfte nach vorn (und unten) kommt und die Belastung jetzt auf dem rechten Gesäßknochen deutlich steigt?

Bewegen Sie diesen stark nach oben gedehnten rechten Arm nun einmal nach rechts (der Druck auf den rechten Sitzknochen sollte sich verstärken ...) und dann etwas über den Kopf nach links (dieser Bewegung muss Ihr Oberkörper leicht nach links folgen und der Druck auf den linken Sitzknochen verstärkt sich).

Machen Sie das Gleiche mit dem linken Arm.

Achten Sie bei jeder Aktion immer genau darauf, was in den anderen Teilen des Körpers – insbesondere im Becken- und Hüftbereich als Verbindungs- und Schaltstelle Nr. 1 – passiert, wie sich die Spannung in Ihrem Körper und der Druck Ihrer

Hände auf den Oberschenkel ziehen: bringt zu viel Spannung in den Arm, die Hand wird hart

Arm nach oben dehnen: bringt den Reiter auf den gleichseitigen Gesäßknochen

Gesäßknochen auf den Stuhl verändern, wohin der Druck gerichtet ist etc.

12. Große Armkreise rückwärts – die Dreh-Kipp-Bewegung im Becken – Beckenbeweglichkeit

Kreisen Sie nun mit dem rechten ausgestreckten Arm von vorn, nach oben, nach hinten, nach unten. Beginnen Sie mit dem waagerecht nach vorn gestreckten Arm. Machen Sie diese Bewegung so langsam, ruhig und gleichmäßig wie möglich. Die Bewegung darf nicht »zerhackt« werden. Achten Sie auf die Änderung der Druckverteilung auf beiden Gesäßknochen und auf die Spannungsänderung in der Schulter und im Rücken. Merken Sie, wie Sie von einer leichten Vorwärtsorientierung der rechten Hüfte und Schulter langsam diagonal auf eine Vorwärtsbewegung der linken Hüfte (und linken Schulter) kommen, die sich verstärkt, je weiter der rechte Arm hoch und nach hinten kommt. Erst, wenn der rechte Arm sich auf dem unteren Kreisbogen wieder der Senkrechten nähert, lässt die Torsion (Drehbewegung) in der Mittelpositur und die Vorwärtsbewegung von linker Schulter und Hüfte nach. Kommt der Arm aus der senkrecht hängenden Position erneut nach vorn-oben, so kommen wieder die rechte Hüfte und Schulter nach vorn.

Machen Sie das Gleiche links, und achten Sie auf die diagonale Torsion in Ihrem Körper.

Vergleichen Sie Ihr Körpergefühl bei dieser Übung mit dem beim Verdrehen aus der Hüfte. Ähnlichkeiten entdeckt?

Achten Sie beim Armkreisen zudem auf die Bewegung Ihres Beckenkammes. Wohin kippt er, wenn der rechte Arm vorne, oben, hinten oder unten ist?

- Arm locker nach unten hängend: Der Beckenkamm steht etwa in Mittelstellung
- Arm kommt von unten nach vorn-oben hoch: Die rechte Hüfte und der rechte Gesäßknochen bewegen sich nach vorn-unten, die rechte Seite des

Große Armkreise rückwärts 1: Simulation der Dreh-Kipp-Bewegung im Becken beim Reiten im Schritt und im ausgesessenen Trab

Große Armkreise rückwärts 2: Simulation der Dreh-Kipp-Bewegung im Becken beim Reiten im Schritt und im ausgesessenen Trab

Beckenkammes wird leicht nach hinten gekippt.

- Rechter Arm locker nach oben gestreckt: Der Beckenkamm steht wieder etwa in Mittelstellung.
- Rechter Arm bewegt sich von oben nach hinten-unten: Die linke Seite des Beckenkammes kippt leicht nach hinten. Gesäßknochen und Hüfte links bewegen sich nach vorn-unten.
- Rechter Arm nach hinten gestreckt: Die linke Seite des Beckenkammes kippt stärker nach hinten. Gesäßknochen und Hüfte links bewegen sich weiter nach vorn-unten.
- Rechter Arm kommt von unten nach vorn-oben hoch: rechte Hüfte und Gesäßknochen kommen wieder vor, der rechte Teil des Beckenkammes wird nach hinten gekippt.

Diese rechts-links wechselnde Dreh-Kipp-Bewegung mit dem Becken, dieses wechselseitige nach Vorne-Unten-Schieben der Hüfte und der Gesäßknochen, ist nichts anderes als die Bewegung, mit der ein Reiter in Schritt und Trab in die Bewegung des Pferdes eingeht.

Mit diesem einseitigen Armkreisen können Sie Ihre Beckenbewegung auf dem Pferd in den Gangarten Schritt und Trab simulieren.

Lenken Sie bei dieser Übung zum Schluss noch Ihre Aufmerksamkeit auf die Bauchmuskeln.
Spüren Sie, wie sie sich wechselseitig zusammenziehen? Immer dann, wenn sich Hüfte und Gesäßknochen nach vorn bewegen, werden auch die gleichseitigen Bauchmuskeln etwas angespannt.

Machen Sie die gleiche Übung mit dem linken Arm.

13. Windmühle rückwärts

Sie können danach »Windmühle« spielen. Beginnen Sie mit dem einen Arm hinten, mit dem anderen vorne und kreisen in die gleiche Richtung (rückwärts). Dabei verstärkt sich die diagonale Becken- und Hüftbewegung.
(Machen Sie diese Übung später auf dem Pferd, so sollten Sie sie so schnell, bzw. langsam machen,

Windmühle rückwärts 1: Verstärkte Simulation der Dreh-Kipp-Bewegung im Becken beim Reiten im Schritt und im ausgesessenen Trab

Windmühle rückwärts 2: Verstärkte Simulation der Dreh-Kipp-Bewegung im Becken beim Reiten im Schritt und im ausgesessenen Trab

dass sie mit dem Schritt- bzw. Trab-Rhythmus des Pferdes harmoniert.)

Engelhaltung

Verändern Sie dann die Armstellung und kreisen mit den seitwärts angehobenen Armen (Engelhaltung). Erst mit dem rechten, dann mit dem linken. Machen Sie nur noch kleine Kreise. Variieren Sie das Tempo und achten Sie darauf, was mit Ihrem Becken und Ihren Gesäßknochen passiert.

Sie werden merken: Die Dreh-Kipp-Bewegung im Becken bleibt, fällt vermutlich sogar mit den kleineren Armbewegungen weicher und leichter aus. Versuchen Sie nun, die Dreh-Kipp-Bewegung ohne die Hilfe der Arme nur aus dem Becken heraus, zu bewerkstelligen: Das fällt schwerer, nicht wahr?

Sie müssen diese Bewegung aus dem wechselseitigen Anspannen hauptsächlich der Bauchmuskeln, unterstützt von den großen Gesäßmuskeln, generieren. Spannen Sie den rechten Bauchmuskel an, so dass Sie den rechten Gesäßknochen vom Stuhl abheben (die Rippenbögen rechts nähern sich dem rechten Beckenkamm) – das Gewicht kommt in diesem Moment auf den linken Sitzknochen. Schieben Sie jetzt den angehobenen Sitzknochen rechts nach vorn und setzen ihn wieder ab (dabei hilft der große Gesäßmuskel). Machen Sie diese Bewegung nun abwechselnd rechts und links, als ob Sie auf Ihren Gesäßknochen vorwärts laufen wollten (Sitzlaufen).

14 »Sitzlaufen« – Diagonale Torsion

Dieses »Sitzlaufen« können Sie auf dem Fußboden (am besten auf dem Teppichboden oder einer Decke) auch in der Vorwärtsbewegung üben. Setzen Sie sich dazu mit angewinkelten Beinen auf den Boden und bewegen sich dann auf Ihren Gesäßknochen in Richtung der Füße vorwärts. Genauso, wie Sie rechts links einen Fuß vor den anderen setzen, können Sie auch die Gesäßknochen abwechselnd rechts und links vor- und wieder absetzen.

Sitzlaufen 1 – diagonale Torsion: Die Hüft- und Becken-Bewegung für den Sitz im Schritt nachempfinden.

Sitzlaufen 2 – diagonale Torsion: Die Hüft- und Becken-Bewegung für den Sitz im Schritt nachempfinden.

Achten Sie dabei auf Ihre Schulterbewegung: Spüren Sie, dass die Schulter wechselseitig gleichzeitig mit der Vorwärtsbewegung des Gesäßknochens nach vorn kommt?
Spüren Sie die diagonale Torsion (Verdrehung) in Ihrer Mittelpositur? Das ist die Beckenbeweglichkeit, die Sie insbesondere beim Reiten in Schritt und Trab brauchen. (Für den Galopp gibt es ein anderes Bewegungsmuster.)

Bewegung zulassen und aufnehmen

Auf dem Pferd brauchen Sie jedoch die Arme nicht mehr, denn der Pferderücken und das Abfußen der Pferdebeine geben Ihnen die Bewegung mit dem Becken vor. Sie müssen nur lernen, diese Bewegung zu erkennen (mit dem Trockentraining) und sie auch in Ihrem Körper (speziell im Becken) zuzulassen.
Viele Reiter versuchen stattdessen, der Bewegung des Pferderückens »auszuweichen«. Sie fangen sie über das Knie ab, stellen sich in den Steigbügel oder drücken sich aus dem Steigbügel nach hinten – und verlieren damit den Kontakt mit ihren Sitzknochen und das Gefühl für das, was das Pferd unter ihnen tut.
Nun kann es sein, dass der Reiter aus verschiedenen Gründen auf einem Pferd (noch) nicht tief einsitzen kann: z.B. bei einem jungen Pferd, dessen Rücken noch nicht tragfähig ist oder bei einem nicht ganz losgelassenen Pferd. Dieses Problem tritt hauptsächlich im Trab auf.
Bei diesen Pferden kann er ganz bewusst im leichten Sitz reiten oder leichttraben. Dieser Entlastungssitz ist jedoch nicht zu verwechseln mit den Ausweichmanövern, die der Reiter unbewusst unternimmt, weil sein Becken nicht beweglich genug ist. (Wann, warum und wie leicht getrabt werden sollte, kommt an einer anderen Stelle.)

Fazit: Sie können im »Trockentraining« die Dreh-Kipp-Bewegung des Becken simulieren und sich gefühlsmäßig darauf einstimmen, sensibilisieren, wenn Sie die Arme benutzen. Auf dem Pferd gibt Ihnen der Pferderücken diese Bewegung vor. Sie dürfen sich jedoch in keinem Teil Ihres Körpers verspannen (blockieren), sonst können Sie den Rhythmus nicht erkennen und aufnehmen.
Voraussetzung für diesen »Wahrnehmungssitz« ist der aufgerichtete Oberkörper, insbesondere das freie Okzipitalgelenk am Schädelansatz und die frei schwingende Wirbelsäule des Reiters.

15. Die Hände vor sich her tragen – die entspannte Gelenkmittelstellung in Arm und Hand erkennen und »abrufen« können

Lassen Sie nun die Arme locker aus der Schulter hängen und winkeln Sie die Ellbogen an; tragen Sie die Hände vor sich her, wie Sie auch den Zügel hal-

Die Hände vor sich her tragen: die entspannte Gelenk-Mittelstellung im Arm, die für sensible Wahrnehmung in der Zügelhand verantwortlich ist

ten sollten – mit geradem Handgelenk und locker dachförmig aufgelegtem Daumen. (Nehmen Sie zur Not einen Becher mit Wasser in die Hand oder einen Esslöffel mit einem Ei, um die richtige »Balancierstellung« auszuprobieren.) Jetzt sind alle Gelenke in der entspannten Mittelstellung. Gehen Sie nun mit der rechten Hand langsam vor, so wie Sie auch den Zügel nachgeben würden – so weit, bis der Arm aus der Schulter heraus ausgestreckt ist. Achten Sie darauf, wie sich die Spannung im Arm verstärkt, wenn das Ellbogengelenk sich der gerade ausgestreckten Endstellung nähert. Achten Sie auch auf die Spannung in der Schulter. Halten Sie den Arm eine Weile in dieser Stellung. Kehren Sie dann langsam in die Stellung mit locker hängendem Oberarm zurück. Erfühlen Sie, wie »bequem« diese Stellung ist.

Wiederholen Sie die Übung, und ballen Sie die Hand bei ausgestrecktem Arm kräftig zur Faust. Überprüfen Sie wieder die Spannung im Arm. Erforschen Sie, wie sich die Spannung in die rechte Seite des Rückens fortsetzt. Halten Sie die Spannung eine Weile, machen dann die Faust langsam wieder auf und spüren, wie sich zuerst der Unterarm und später der Oberarm wieder etwas entspannen. Kehren Sie dann wieder in die locker hängende Stellung zurück, und achten Sie darauf, wie auch noch die restliche Spannung in der Schulter und in der rechten Seite Ihres Oberkörpers verschwindet.

Nehmen Sie die Hand nach vorn oben hoch – auch dabei kommt etwas Spannung in die Schulter, der Ellbogen bleibt jedoch entspannter.

Das Gleiche tun Sie danach natürlich wieder mit dem linken Arm.

Kehren Sie immer wieder in die entspannte Grundhaltung zurück, um zu spüren, mit wie wenig Spannung im Arm Sie auskommen, wenn der Ellbogen wirklich locker hängt.

16. Die Hand herunterdrücken

Drücken Sie nun den ausgestreckten Arm mit ge-

Vorgehen mit der Hand:
Es kommt etwas Spannung in Arm und Schulter.

Hand hochnehmen -
Sowohl Ellbogen als auch Schultergelenk werden lockerer als auf dem Bild links

ballter Faust nach unten. Spüren Sie, wie die Gelenke bis hinauf zur Schulter praktisch verriegelt werden. In dieser Haltung ist Ihr Arm (und natürlich auch die Hand) steif und gefühllos. Diese Haltung sieht man häufig, wenn Reiter ein Pferd, das den Hals hochdrückt, mit der nach unten wirkenden Hand herunterziehen wollen.

Die schädliche Wirkung der heruntergedrückten Hand geht jedoch noch viel weiter: Sie behindert die Beweglichkeit der Reiterwirbelsäule und macht den gesamten Sitz steif.

Das werden Sie merken, wenn Sie einmal beide Arme mit geballter Faust nach unten drücken.
Die Spannung in der Schultermuskulatur steigt und der Druck auf **beide** Gesäßknochen ebenso. Der Beckenkamm kippt etwas nach hinten: das behindert die Rückenbewegung des Pferdes und führt im Allgemeinen dazu, dass das Pferd Hals und Kopf nur noch weiter hochdrückt.

Prinzipiell gilt: Alle lang anhaltenden Spannungen in den Gliedmaßen wirken sich negativ auf die Beweglichkeit des Beckens aus und damit auf die Geschmeidigkeit des Sitzes – und schließlich auf die Rückenbewegung des Pferdes.

17. Die Boxer-Haltung – abgespreizte Ellbogen

Nehmen Sie wieder die locker aufgerichtete Haltung mit hängenden Ellbogen und aufrecht vor sich her getragenen Händen ein (entspannte Grundstellung).
Spreizen Sie nun beide Ellbogen seitlich vom Körper ab. Merken Sie, wie Spannung in Schulter, Brustmuskulatur und Rücken entsteht? Wie die Schultern nach vorn kommen? Lassen Sie nun den Kopf noch zusätzlich nach vorn hängen, so haben Sie das klassische »Beugemuster« im Sitz, das zum Zusammenfallen im Brustkorb, zum Rundrücken und schließlich zum Stuhlsitz führt.

Die Hand herunterdrücken 1. Variante: Der Reiter blockiert seinen gesamten Sitz.

Die Hand herunterdrücken 2. Variante: Das Becken wird in der geraden Stellung festgestellt, der Rücken des Pferdes blockiert.

18. Die Schulter »aufmachen«, den Brustkorb weiten

Kehren Sie wieder in die entspannte Stellung zurück. Nehmen Sie nun beide Hände mit geradem Handgelenk auseinander, ohne die Ellbogen aus ihrer senkrecht hängenden Stellung zu bewegen. Spüren Sie, wie sich dabei Ihr Oberkörper aufrichtet, der Brustkorb weitet und die Schulter frei wird (»aufgeht«). Danach wieder Rückkehr zur entspannten Grundstellung.

19. Handgelenke abknicken – Fingerbeweglichkeit testen

Ausgangspunkt: Entspannte Grundhaltung mit hängendem Oberarm.
Knicken Sie beide Handgelenke nun weitest möglich nach innen ab (Eindrehen). Spüren Sie, wie dabei langsam auch die Ellbogen abgespreizt werden und Sie wieder ins Beugemuster fallen. Versuchen Sie in dieser Stellung, die Finger locker und schnell zu bewegen.

Knicken Sie nun die Handgelenke nach außen ab. Spüren Sie die hohe Spannung im Unterarm? Versuchen Sie auch in dieser Stellung, die Finger locker und schnell zu bewegen.

Beide »abgeknickten« Stellungen machen das fast unmöglich, nicht wahr? Die Beweglichkeit und Sensibilität in der Hand ist extrem stark eingeschränkt, wenn die Handgelenke dauerhaft abgeknickt werden.

Ballen Sie nun die Hand zur Faust und drücken so fest wie möglich zu. Spüren Sie, wie Ihr ganzer Arm dabei bis zur Schulter herauf steif und fest wird? Nehmen Sie jetzt die Kraft aus der Faust; entspannen Sie sie so weit, dass Sie gerade noch einen Zügel mit dem aufgelegten »Daumendach« festhalten könnten (oder einen Löffel mit einem Ei). Spüren Sie, wie sich Ihr Arm bis zur Schulter herauf entspannt? Und wie die Beweglichkeit in Ihre Finger zurückkehrt?

Abgespreizte Ellbogen: Beginn der Innenrotation im Arm, die schließlich zu einem Zusammenfallen im Oberkörper führt.

Schulter aufmachen: Einleitung der Außenrotation im Arm, die zu lockerer Aufrichtung führt (siehe auch: Hand nach außen drehen).

Es gilt: Eine mit zu viel Kraft zugemachte Hand kann nicht mehr sensibel wahrnehmen und vor allem nicht schnell genug reagieren.

20. Muskelverkettungen erkennen

Versuchen Sie einmal spaßeshalber, den Unterarm oder auch den Oberarm zu entspannen, solange die Hand fest zur Faust geballt ist: Warum das nicht geht?

Ganz einfach: Mit dem Zudrücken der Hand rufen Sie eine ganze Kette von Muskeln im Arm in Aktion. Diese Verkettung macht es unmöglich, eine von der Hand verursachte Spannung von der anderen Seite (also von oben, aus der Schulter) zu lösen.

21. Handgelenke verdrehen

Drehen Sie nun Ihre Handgelenke bei geradem Handgelenk aus dem Ellbogengelenk nach innen (verdeckte Hand). Spüren Sie, wie die Ellbogen sich auch dabei leicht nach außen aus der hängenden Stellung wegbewegen. Auch diese leichte Drehbewegung bringt Sie schon ansatzweise ins Beugemuster.

Drehen Sie nun Ihre Handgelenke bei nicht abgeknicktem Handgelenk aus dem Ellbogengelenk nach außen (nach oben offene Hand). Diese Verdrehung bringt Sie eher an das erwünschte Streckmuster (Aufrichtung im Oberkörper) heran, solange Sie es nicht mit der Außendrehung übertreiben.

»Bewegungsfreiheit für die Hände«

Halten Sie Ihre Hand und Ihren Arm beweglich. Sie dürfen (fast) alles tun, solange es nicht zu lange dauert und mit möglichst wenig Kraft ausgeführt wird:

weit vorgehen, zur Seite herausführen, nach vorneoben wirken, mit dem Mittel- oder Ringfinger wackeln/vibrieren, bildhaft »einen Schwamm ausdrücken«, und auch die Hand kurz ein- oder ausdrehen.

Passen Sie nur auf, dass Sie nicht ins Beugemuster fallen (den Beckenkamm nach hinten kippen) und dass die Hand nicht nach hinten oder unten zieht.

Und kehren Sie nach jeder Aktion in die entspannte Grundstellung zurück.

Hohe Spannung verhindert schnelle Reaktion

Zu hohe Spannung in einem beliebigen Muskel des Reiters wirkt sich auf den Sitz aus und verhindert sensible Wahrnehmung und damit schnelle Reaktion.

Handgelenke abknicken – nach innen: oft in Verbindung mit abgespreizten Ellbogen

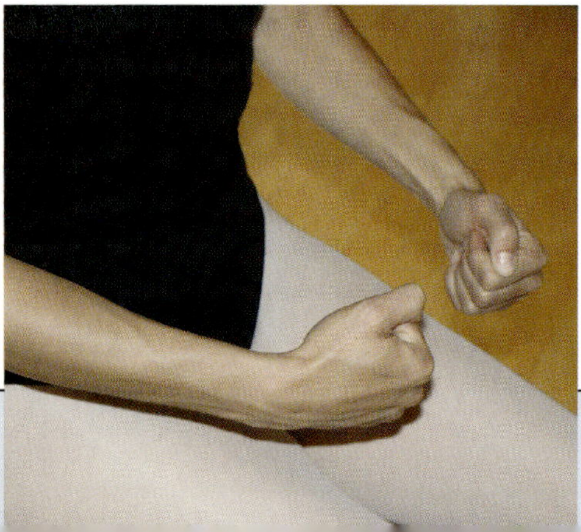

Handgelenke abknicken – nach außen: viel Spannung im Unterarm, mangelnde Beweglichkeit

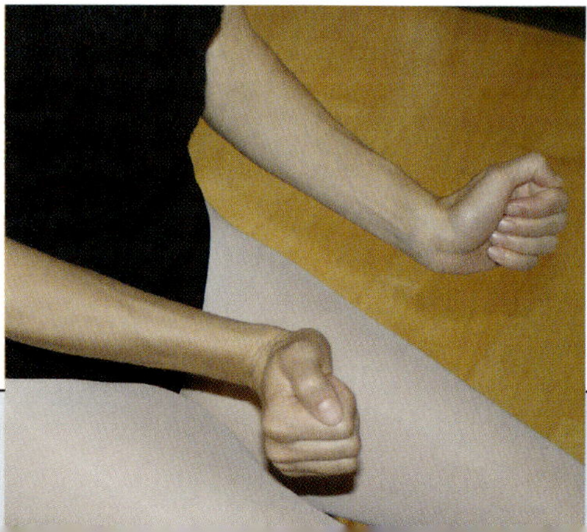

Es gilt für alle Hilfen/Signale:
Je kürzer und leichter ein Signal gegeben wird, umso besser.

Kürzer, damit das Pferd sich nicht dagegen wehren kann (gegendrücken). Leichter, damit Sie selbst nicht zu viel Spannung in die Muskulatur bekommen und deswegen zu langsam wahrnehmen und zu spät reagieren.

Ihr Pferd ist Ihnen immer um eine Nasenlänge voraus, wenn Sie mit zu viel Spannung auf ihm sitzen oder wenn Sie mit zu viel Kraft reiten: Sie blockieren Ihre sensorische Wahrnehmung und spüren nicht schnell genug, was es vorhat.

Und Ihr Pferd hat mehr Kraft: Wenn Sie ihm erlauben, sich auf den Zügel zu legen oder dagegenzudrücken, haben Sie keine Chance.

Ihre Stärke liegt im Nachgeben, im Verweigern einer Stütze.

Solange dem Reiter seine eigene (Ver)spannung nicht bewusst ist, kann er sie auch nicht abstellen. Und er bekommt auch keine Ruhe und Losgelassenheit ins Pferd.

Zeigen Sie Ihrem Pferd den Weg in die Entspannung, indem Sie sich selbst loslassen und nach jeder Aktion (= Hilfe) in die entspannte Grundstellung zurückkehren.

Es gilt: Losgelassener Reiter = losgelassenes Pferd, denn das Pferd spiegelt seinen Reiter.

22. Gewohnheitsmäßig gekoppelte Bewegungen bewusst machen und entkoppeln

Gegenläufige Augen- und Kopfbewegungen: Drehen Sie den Kopf so weit wie möglich in eine Richtung und folgen Sie mit den Augen; das sind zwei normal gekoppelte Bewegungen, um z.B. nach

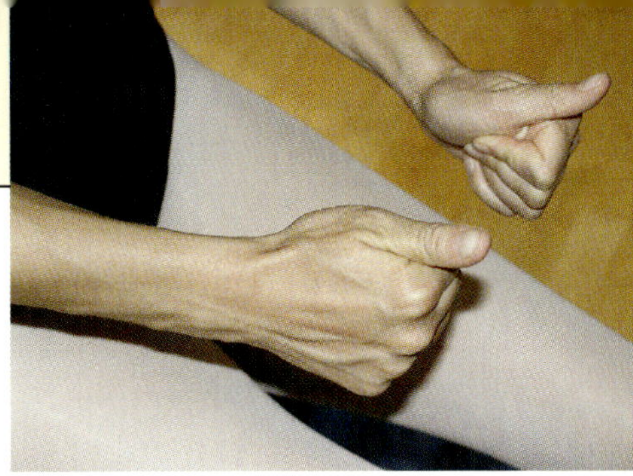

kein Daumendach: zu viel Spannung in der Hand

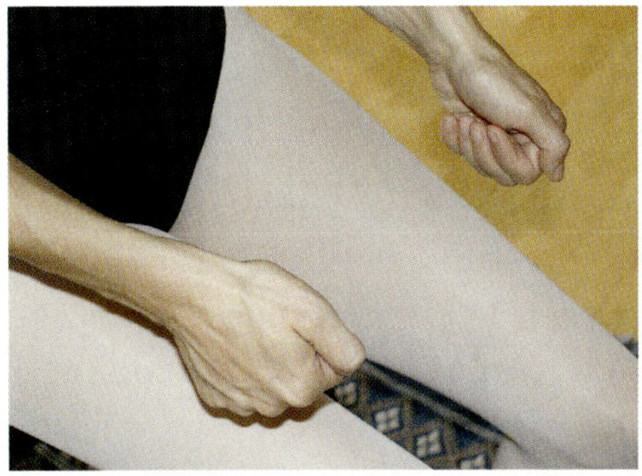

Hände nach unten kippen: viel Spannung im Unterarm – keine Sensibilität

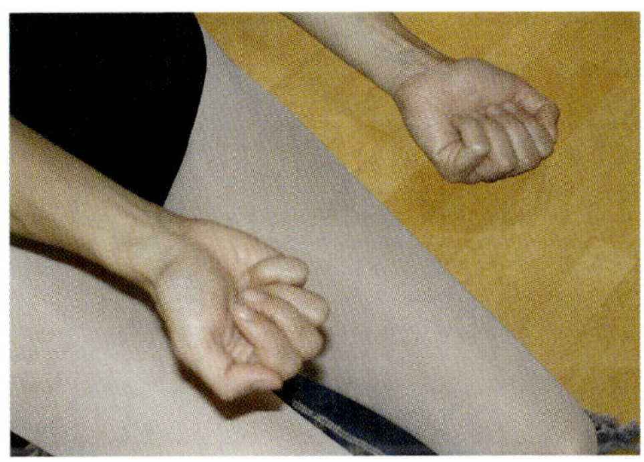

nach oben verdrehen: offene Hand – durch Außenrotation besser als verdeckte Hand

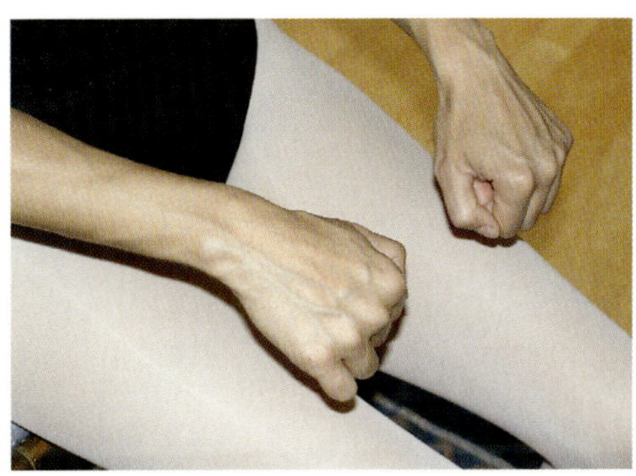

nach unten verdrehen: verdeckte Hand – Grundmuster der falschen Innenrotation

hinten über die Schulter zu schauen. Drehen Sie nun den Kopf in die eine Richtung und bewegen die Augen in die andere. Das erfordert schon etwas Konzentration – nicht wahr? Machen Sie die Übung nach beiden Seiten.

Torsion in der Mittelpositur bewusst aussteuern:

In gleicher Weise können Sie nun die Kopfdrehung von der Schulterdrehung und die Schulterdrehung von der Hüftdrehung trennen. Also z.B. Kopfdrehung nach rechts und Schulterdrehung gleichzeitig nach links. Oder: Schulterdrehung nach rechts und Hüfte bewusst nicht mitdrehen. (Achten Sie dabei auf die Belastung Ihrer Gesäßknochen!)
Mit diesen Übungen sensibilisieren Sie sich noch weiter auf die Vorgänge in Ihrem Körper, erkennen Automatismen und können bei Bedarf bewusst »entkoppeln« – z.B. den Kopf nach rechts drehen und die Schulter dabei vorn lassen statt sie zurückzuziehen, wie es viele Reiter gern in einer Wendung tun.

23. »Klavierspielen« – asymmetrische Bewegungen mit den Händen

Versuchen Sie nun, mit der rechten Hand etwas anderes zu tun als mit der linken. Das müssen Sie später auf dem Pferd auch tun, denn Ihre innere Hand hat andere Aufgaben als Ihre äußere. Das Prinzip des Klavierspielens ähnelt dem Prinzip der sensiblen, beweglichen und schnellen Reiterhand. Führen Sie z.B. die rechte Hand zur Seite und drehen die linke ein, bzw. machen die Faust stärker zu. Versuchen Sie zu vermeiden, dass Ihre Hände symmetrisch arbeiten. Das ist eine reine Konzentrationsübung.
Sitzen Sie mit lockeren Gelenken im »Wahrnehmungssitz« (siehe dort) auf dem Pferd, so fällt es

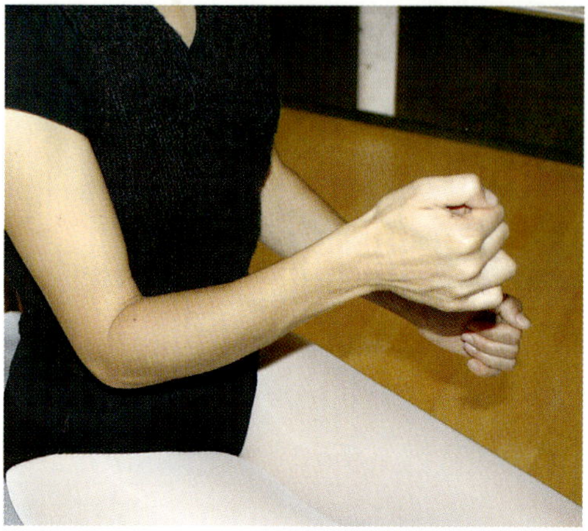

asymmetrische Bewegungen mit den Händen

leichter, rechts und links etwas Unterschiedliches zu tun, als im Trockentraining, denn das Pferd gibt Ihnen die Signale, auf die Sie reagieren können.

Übungen mit einem Partner

Die Situation auf einem Pferd können Sie jedoch mit einem Partner simulieren, der Ihnen gegenüber sitzt und eine Trense am Gebiss festhält. Er kann nun durch verschiedene Hand- und Arm-Bewegungen die Bewegungen des Pferdmaules und -kopfes simulieren. Versuchen Sie, einen »gummibandartigen« Zügelkontakt durch kleine, sensible Bewegungen aus dem lockeren Handgelenk zu erhalten.

Ergänzende Atemübungen zur Entspannung und Bewusstmachung von Blockaden

24. Atem anhalten

Halten Sie längere Zeit den Atem an und spüren Sie, wie sich dabei Ihr ganzer Körper versteift.
Das passiert auch auf dem Pferd, wenn Sie vor lauter Konzentration das Ausatmen vergessen (Blockade).

Die Schrittbewegung im Becken erfühlen mit losgelassenem, aufrechten Sitz.

Die Kopfdrehung des Reiters führt die Bewegung.

25. Stoßweise ausatmen

Stoßen Sie ruckartig die Luft aus und spüren Sie, wie Sie dabei im Brustkorb zusammenfallen (bewusst einsetzbar bei ganzen Paraden).

26. Atem fließen lassen

Lassen Sie den Atem durch Ihren Körper fließen. Stellen Sie sich beim langsamen Einatmen vor, dass Energie vom linken Fuß über den Scheitel aufsteigt und bis zum rechten Fuß wieder herunterfließt. Atmen Sie aus und stellen sich vor, dass dabei die Energie umgekehrt zurückfließt – vom rechten Fuß über den Scheitel in den linken Fuß. Beginnen Sie einmal von links und einmal von rechts. Lassen Sie die Energie und den Atem gleichmäßig strömen.

Machen Sie dann das Gleiche von vorn nach hinten und von hinten nach vorn. Beginnen Sie vorn bei den Fußspitzen, lassen Sie die Energie beim Einatmen über die Stirn, den Rücken herunter bis zu den Fersen fließen und beim Ausatmen umgekehrt zurück. Beginnen Sie dann bei den Fersen mit dem Einatmen und lassen die Energie über Schulter, Scheitel, Stirn und Brust vorn wieder herunterfließen. Atmen Sie umgekehrt aus.

Machen Sie jede der vier Varianten 2–3 mal. Achten Sie auf gleichmäßiges Einatmen und gleichmäßigen Energiefluss.

Diese Atemübung entspannt und macht Blockaden spürbar.

27. Den Brustkorb durch tiefes Einatmen weiten

Stellen Sie sich beim tiefen Einatmen vor, dass Ihr Brustkorb sich nach allen Seiten ausdehnt. Er soll sich nicht nur vorn heben, sondern auch zur Seite und nach hinten hin weiten.

Dieses Gefühl des weiten Brustkorbes beim Einatmen brauchen Sie für eine gute Aufrichtung des Oberkörpers mit angemessener Körperspannung. (Siehe auch Übung »Schulter aufmachen« durch Außenrotation der Arme.)

Atmen Sie wieder aus, lassen dabei die Schultern fallen, halten aber den Oberkörper in der Einatmen-Stellung. Jetzt ist Ihr Oberkörper locker aufgerichtet in der normalen Mittelstellung, aus der die Wirbelsäule nach vorn und hinten schwingen kann.

Atmen Sie dann zum Vergleich einmal flach – nur mit dem Bauch, so dass kaum Bewegung in den Brustkorb kommt. Fühlen Sie, wie beengt man sich dabei vorkommen kann?

Unterscheidung in Wahrnehmungssitz und Aktionssitz

Im nächsten Abschnitt des Buches wird es um sensible Wahrnehmung, schnelle Reaktionen/Korrekturen und Minimierung der Einwirkung gehen. Dazu ist es nötig, zwei Arten des Reitersitzes zu unterscheiden, weil zwischen beiden Arten hin und her gewechselt werden muss. Die Definition der beiden Sitzarten soll hier vorangestellt werden.

Der Wahrnehmungsitz ohne unnötige Spannung

Der Wahrnehmungssitz

Der Wahrnehmungssitz ist der Sitz des Reiters mit der minimal möglichen Muskelspannung. In diesem Sitz konzentriert sich der Reiter auf die »Bewegungs-Vorgaben« des Pferdes, ohne aktiv einzuwirken. Er richtet seine einzelnen Körperteile so übereinander aus, dass er sie fast ohne Muskelkraft in der Balance halten kann. Er »hört auf sein Pferd«, erfühlt dessen Körperspannung (und damit auch seine »Absichten«) und versucht, weitgehend passiv mit ihm in Kontakt zu bleiben. Er konzentriert sich jedoch auch auf die Vorgänge im eigenen Körper und dessen Interaktion mit den Vorgaben des Pferdes; darauf, ob seine Gelenke locker sind, ob sein Becken die Impulse des Pferderückens richtig (ungehindert) aufnimmt, ob er seine Gesäßknochen spürt, ob das Bein bis zum Fußgelenk nach unten durchfedern kann und leichten Kontakt mit dem Pferdebauch hält, ob der Kopf frei aus den Schultern wächst. Und er versucht, über einen »gummibandartigen« Zügel mit dem Maul des Pferdes in Verbindung zu bleiben, was wiederum nur mit lockeren Ellbogen- und Handgelenken in Mittelstellung und einer nach unten »fallenden« Schulter möglich ist.

Das ist der passive Wahrnehmungssitz par excellence. Dieser Wahrnehmungssitz kann jedoch im Allgemeinen nicht lange aufrecht erhalten werden – zumindest in der dressurmäßigen Arbeit nicht. Er wird durch den Aktionssitz abgelöst, in dem der Reiter aktiv fordert oder aber korrigiert. (Korrektur ist nichts Passives, sondern eine aktive Reaktion zur »Schadensbegrenzung«.)

Still sitzen – »bitte nicht stören«

Wichtig ist, immer wieder, und sei es noch so kurz, in diesen Wahrnehmungssitz zurückzukehren und einfach still zu sitzen. Nur dann kann der Reiter sowohl unnötige Spannung aus dem eigenen Körper herausnehmen als auch schnell genug spüren, was das Pferd unter ihm tut. Und er kann das Pferd mit »in Ruhe lassen«, dem Aussetzen aller Hilfen, dem Wegnehmen von Druck, für eine richtige Reaktion belohnen. Reitet er dauernd im Aktionssitz (siehe Seite 33 ff), so hält er das System Reiter+Pferd ständig unter Hochspannung. Das

Genießen des einfachen Bewegungsflusses, wenn das Pferd unter dem Reiter schwingt und ihn angenehm in seine Bewegung »mitnimmt«, ist im Aktionssitz nicht möglich. Das Erreichen von Eleganz und Leichtheit ebensowenig. Mit unablässiger Aktion bringt sich der Reiter um das Gefühl der Einheit mit dem Pferd und um die Möglichkeit der Reduzierung von Kraft und Aufwand. Wenn er ständig nur »arbeitet« und fordert, nimmt er Angebote des Pferdes, etwas freiwillig zu tun, nicht wahr.

Unablässige Aktion und zu viel Spannung im Sitz können so weit gehen, dass sie das Pferd massiv stören und Abwehrreaktionen nervorrufen. Ich habe schon einige empfindliche Pferde gesehen, die sich sofort durch Rücken weg- und Hals hochdrücken gegen ein festgestelltes Kreuz des Reiters (zu langes Verharren mit angezogenem Kreuz) wehrten. Auch die Mimik solcher Pferde (angelegte Ohren, gekräuselte Nüstern)) zeigt meist deutlich deren Unbehagen bei zu viel Druck.

Gute Beweglichkeit im Becken des Reiters bedingt einen guten Wahrnehmungssitz

Die Qualität des Wahrnehmungssitzes ist stark davon abhängig, wie gut der Beckenbereich des Reiters die Bewegungsimpulse des Pferdes aufnehmen und verarbeiten kann. Insbesondere beim so genannten **»Eingehen in die Bewegung des Pferdes«** – dem mehr oder weniger passiven Mitschwingen, ohne das Pferd in seiner Bewegung zu stören und ohne die eigene Körperspannung (Aufrichtung im Oberkörper) aufzugeben – ist vielen Reitern nicht klar, was da überhaupt in ihrem eigenen Körper abläuft. Manche Reiter können es nur im Trab, anderen fällt der Galopprhythmus leichter. Wieder andere können das Aufnehmen der Bewegungsimpulse nicht auf den Beckenbereich beschränken und klopfen mit den Unterschenkeln, haben unruhige Hände oder wackeln mit dem Kopf.

»Eingehen in die Bewegung des Pferdes« erfordert verschiedene Dreh- und Kipp-Bewegungen des Beckens

Der Rhythmus, der aus dem schwingenden Pferderücken auf das Becken des Reiters übertragen wird, ist keineswegs einfach zu erfassen.

Im schwunglosen Schritt fällt es jedem Anfänger noch leicht, sich dem gemächlichen Schreiten des Pferdes zu überlassen. Wenn er aufgerichtet auf seinen Gesäßknochen sitzt, so kann er spüren, wie sie abwechselnd rechts und links etwas angehoben und im Bogen nach vorn-unten wieder abgesetzt werden. Das Reiterbecken beschreibt dabei eine Dreh-Kipp-Bewegung, die Sie am leichtesten nachvollziehen können, wenn Sie versuchen, auf Ihren Gesäßknochen vorwärts zu laufen (wie schon in den Trockenübungen beschrieben).

Still sitzen und abwarten, was passiert ...

Im schwungvollen Trab kommt die gleiche Dreh-Kipp-Bewegung des Beckens zum Einsatz, doch hier sind die Auf- und Ab-Bewegungen des Pferderückens (je nach Schwungentwicklung des Pferdes) deutlich stärker und auch die Geschwindigkeit, die Frequenz des Drehens und Kippens nimmt zu. In schneller Folge müssen Hüfte und Gesäßknochen dabei abwechselnd nach vorn-unten geschoben werden. Dazu müssen **wechselseitig** die Bauchmuskeln angespannt und wieder losgelassen werden (siehe Übungen am Anfang). Vielen Reitern fällt das Aussitzen im Trab – insbesondere bei schwungvollen – Pferden schwer.

Manche Reiter kippen auch nur den Beckenkamm vor und zurück und befinden sich dann – ohne das nötige Element der Torsion (Drehung) – nicht hundertprozentig im Einklang mit der Pferdebewegung; sie stören das Pferd mehr oder weniger stark im Rücken, ohne es zu wollen und ohne es zu wissen.

Im »sprunghaften« Galopp ist eine ganz andere Bewegung des Beckens gefragt. Der Reiter rollt praktisch sein Becken von hinten nach vorn hoch. Dies tut er nicht völlig symmetrisch, sondern »führt« die Bewegung mit dem Vorschieben der inneren Hüfte und des inneren Sitzknochens an (diagonaler Sitz). Nach Beendigung jeden Galoppsprungs muss der Reiter »sein Kreuz loslassen« (was eigentlich bedeutet, er muss sein Becken in die entspannte Mittelstellung zurückfallen lassen). Dazu muss er die für das Hochrollen zuständigen Bauchmuskeln loslassen. Idealerweise begrenzt er das Mitschwingen im Galopp auch nur auf den Bereich des Beckens. Der Oberkörper sollte relativ ruhig sein. Ein wenig wird er sich im Arbeitsgalopp jedoch immer nach vorn oder hinten bewegen. Erst der stark versammelte Galopp ermöglicht weniger »Auslenkung«.

Optimale Balance bei minimaler Spannung – guter Wahrnehmungssitz im Galopp.

Der Aktionssitz

Der Aktionssitz tritt immer dann in Erscheinung, wenn der Reiter eine Hilfe gibt, d.h. eine Forderung an das Pferd stellt oder eine unerwünschte Reaktion des Pferdes verhindern will.

Viele Reiter kennen nur den Aktionssitz, treiben ständig vorwärts, auch wenn das Pferd genug Aktivität von hinten zeigt, belästigen das Pferd mit »blindem Aktionismus«, verstärken den Druck an allen möglichen Stellen, ohne ihn ab und zu auch mal wegzunehmen.

Was kann ein Pferd dagegen tun? Es schottet sich ab und wird immer stumpfer in seinen Reaktionen, weil es, egal was es tut, immer weiter mit Signalen traktiert wird.

Harmonisierung und Minimierung der Hilfengebung nach dem Faulheitsprinzip

Hilfengebung mit dem Ziel »minimale Kraft – maximale Harmonie« lässt sich am besten über das »Faulheitsprinzip« definieren – mit Faulheit im positiven Sinne: Weder die Kräfte des Reiters noch die des Pferdes sollten unnötig »verschwendet« werden. Insbesondere nicht dadurch, dass Pferd und Reiter nicht miteinander, sondern gegeneinander oder aneinander vorbei arbeiten.

Gegeneinander arbeiten sie, wenn das Pferd nicht freiwillig mitarbeitet und der Reiter pferdegerechte Motivation und die Prämisse »möglichst wenig stören« durch Zwang und Druck ersetzt.

Das Training der Beckenbeweglichkeit ist für einen guten Wahrnehmungssitz immens wichtig.

Aneinander vorbei arbeiten sie, wenn das Pferd resigniert hat und sich schlecht und recht mit den konzeptionellen Fehlern des Reiters arrangiert hat. Solche Pferd-Reiter-Paare wirken oft lust- und schwunglos.

Richtig miteinander arbeiten Pferd und Reiter, wenn das Pferd hundertprozentig aufmerksam ist, durch kurze Signale des Reiters »in Gang gesetzt wird« und durch Aufhören der Signale bestätigt und belohnt wird.

Wer so manchen schwitzenden Reiter auf seinem Pferd in blindem Aktionismus »herumwürgen« sieht, bloß um es überhaupt vorwärts zu bekommen, kann sich nur denken: »Und das soll Spaß machen?«

Das tut es garantiert nicht – und solche Reiter bummeln dann auch lieber ins Gelände, als in der Bahn zu arbeiten. Sie haben es versäumt, ihrem Pferd die Freude an der Bewegung zu erhalten bzw. wiederzugeben – ihr »Aktionssitz« ist ineffektiv, der »Wahrnehmungssitz« meist nicht vorhanden. Und das Pferd »rächt« sich mit Abschottung gegen die Reitersignale und Stumpfheit.

Jede richtige »Aktion« ist jedoch immer nur so kurz wie nur irgend möglich. Eine Verstärkung des Zügeldrucks (Parade) dauert einen Sekundenbruchteil, bevor wieder die Spannung herausgenommen wird. Eine Parade funktioniert über die Wiederholung des kurzen Drucks nicht über längeres Ausüben des Drucks (= Ziehen).

Jede Schenkelhilfe muss aufhören, wenn das Pferd tut, was damit beabsichtigt wurde und der Schenkel muss in die Wartestellung (wahrnehmende, passive Haltung) zurückkehren.

Der richtige Aktionssitz tritt immer nur dann in Kraft, wenn etwas aktiv geschehen oder verhindert werden soll. Er wird sofort wieder durch den Wahrnehmungssitz und das »Herunterfahren« der

Spannung abgelöst, wenn das Pferd tut, was es soll.
Bei jedem unausgebildeten oder steifen bzw. verdorbenen Pferd ist zu Anfang natürlich vermehrte Aktion des Reiters vonnöten. Ein solches Pferd muss häufiger korrigiert und aufgefordert werden. Jedoch ist es gerade bei verspannten Korrekturpferden, die schon lange mit viel Druck geritten wurden, extrem wichtig, jede noch so kleine Gelegenheit zu nutzen, kurzfristig den Druck wegzunehmen, die Aktionen zu reduzieren und dem Pferd zu zeigen »Siehst du, du kannst es viel bequemer haben ...«
Auch ein probehalber gemachtes Angebot der Druckreduzierung kann bei Pferden, die auf Widerstand geschaltet haben, oft Wunder wirken und sie zum Nachgeben veranlassen.

Zum Thema Aktionssitz und vorwärts Treiben gehört auch der immer wieder missverstandene Themenbereich »mit dem Kreuz treiben, mit Kreuz reiten«.

Kreuzhilfen – mit Kreuz reiten – Kreuz anspannen – mit dem Kreuz treiben

Was passiert im Körper des Reiters, wenn er sein Kreuz anspannt?

Er spannt nicht etwa seine »Kreuzmuskeln« an. Einen Kreuzmuskel gibt es nämlich gar nicht.
Er spannt vielmehr seine Bauchmuskeln an, kippt damit seinen Beckenkamm nach hinten und stellt das Kreuzbein am unteren Ende seiner Wirbelsäule gerade. Das ist prinzipiell keine treibende Hilfe (vor allem, wenn der Reiter sein Kreuz nicht wieder loslässt), sondern hemmt sowohl die Wirbelsäulen- und Beckenbeweglichkeit des Reiters als auch in Folge das Schwingen des Pferderückens. Deswegen

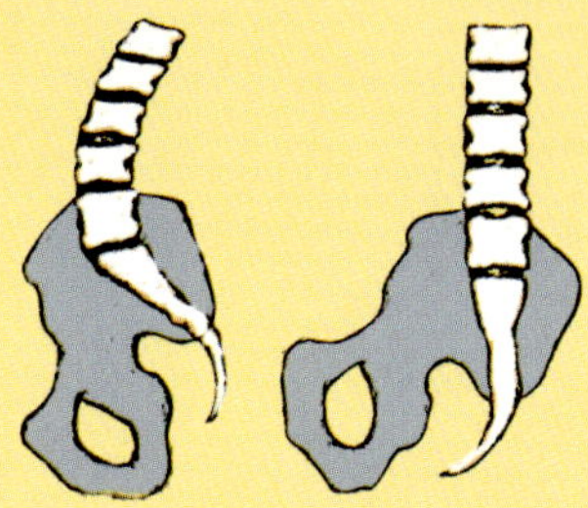

Kreuzbein gerade stellen (Kreuz anziehen): Der Reiter »rollt« weiter nach hinten auf den Sitzbein-Schambeinkufen. Der Beckenkamm kippt nach hinten.

wird diese Art der Kreuzhilfe für Paraden eingesetzt.

Wie kann der Reiter also dann mit dem Kreuz treiben? Kann er es überhaupt?

Neben dem beidseitigen Anspannen der Bauchmuskeln gibt es auch ein wechselseitiges Anspannen der Bauchmuskeln. Damit wird die schon beschriebene Dreh-Kipp-Bewegung des Beckens, die zum Eingehen in die Bewegung des Pferdes nötig ist, ausgelöst. Wenn der Reiter es beherrscht, in die Bewegung des Pferdes einzugehen, so kann er durch ganz **vorsichtiges** Verstärken seiner wechselseitigen Beckenbewegung nach vorn-unten eine Art treibende Wirkung ausüben. Die Gefahr, dabei aus dem Rhythmus zu geraten (oder zu viel Spannung im Sitz aufzubauen) und das Pferd im Rücken mehr zu behindern statt zu beschleunigen, ist jedoch groß. Meist ist es sinnvoller, das Pferd auf die Schenkelhilfen zu sensibilisieren (siehe dort), ihm den natürlichen Vorwärtsdrang zu erhalten und es möglichst nicht mit einem wackeligen oder steifen Sitz zu stören. Ein »nicht störender« Reiter, der die Dreh-Kipp-Bewegung des Beckens beherrscht und gelernt hat, sein Kreuz gezielt auch wieder **loszulassen**, kann dem Pferd sehr viel schneller z.B.

Becken kippen – Kreuzbein gerade stellen
oben Westernversion
unten »englische« Version

eine Verstärkung im Trab entlocken als ein Reiter, der mit viel Geschiebe und Sporeneinsatz das Gleiche versucht.

Auch für den Aktionssitz ist dementsprechend die Beckenbeweglichkeit ausgesprochen wichtig. Insbesondere häufige Gangartenwechsel, Cavaletti- und Springtraining erfordern eine sehr schnelle Anpassung der Beckenstellung an veränderte Gegebenheiten. Je schneller das Becken als wichtigste »Schaltstelle« reagiert, desto schneller folgt der Rest des Körpers.

Ein beweglicher Beckenbereich ermöglicht schnelle Korrekturen, verhindert ein Festklemmen und fördert die Losgelassenheit zuerst des Reiters – und in direkter Folge davon des Pferdes.

Mit fortschreitender Ausbildung sollte es möglich sein, immer länger im Wahrnehmungssitz zu bleiben und alle Aktionen/Hilfen nur noch so kurz wie möglich anzudeuten.

Ein steifes Becken führt unweigerlich zu Koordinations-Problemen im ausgesessenen Trab und meist auch im Galopp. Es hemmt den Rest des Reiterkörpers (die Gliedmaßen) und macht die Hilfengebung mit Zügel und Schenkel zäh und langsam (= hart), weil praktisch alle Körperbereiche des Reiters mehr oder weniger direkt am Becken »dranhängen«. Da der Pferderücken über das Becken in direkter Beziehung zum Reiter steht, hemmt das steife Becken auch die Rückenbewegungen des Pferdes. Der losgelassene, schwingende Pferderücken ist wiederum die Grundvoraussetzung für harmonische Bewegungen des Pferdes und des Gesamtsystems Reiter+Pferd. Daraus folgt:
Mangelnde Beckenbeweglichkeit des Reiters blockiert das gesamte System.

Energiekreis – Spannungsbogen – Körperspannung

Über den »Spannungsbogen« beim Pferd wissen die meisten Reiter mehr oder weniger gut Bescheid. Zur kurzen Wiederholung:
Der Spannungsbogen dehnt sich von den Schweifwirbeln bis zum Genick des Pferdes.
Er spannt sich durch eine gut untertretende Hinterhand des Pferdes und eine vorsichtig begrenzende Reiterhand, die über das Maul des Pferdes sein Genick kontrolliert.
Der Spannungsbogen darf keine »Brüche« aufweisen, denn an jeder Bruchstelle bleibt die Energie aus dem Motor Hinterhand gleichsam stecken. Die »Lenkung« wird erschwert oder gar unmöglich, wenn zu wenig Energie vorhanden ist bzw. wenn das Pferd diese im Rücken oder im Hals blockiert (z.B. den Rücken festhalten) oder unterbricht (z.B. falscher Knick).
»Beliebte« Bruchstellen und Blockaden befinden sich im Bereich des 1.–3. und des 7. Halswirbels

(HW) sowie im Bereich der Sattellage, des Kreuz-Darmbeingelenks und in der Lendenwirbelsäule (LWS).

Neben dem Spannungsbogen des Pferdes ist jedoch die Körperspannung des Reiters von Bedeutung. Da die Kontrolle des Gesamtsystems Pferd+Reiter beim Reiter liegen sollte, ist die richtige Körperspannung des Reiters fast wichtiger als der Spannungsbogen des Pferdes. Sie wird durch eine zweckmäßige Auf- und Ausrichtung des Oberkörpers erzeugt. Nur mit dem richtig gespannten Körper ist der Reiter in der Lage, den richtigen Spannungsbogen beim Pferd zu erzeugen. Auch der Reiter kann seine Körperspannung unterbrechen oder einzelne Körperteile blockieren (durch diverse Haltungs-/Sitzfehler). Seine Körperspannung kann von Natur aus zu hoch oder zu niedrig sein, genauso wie es auch Pferde mit höherem oder niedrigerem Muskeltonus gibt. Ein dauerhaft zu hoher Muskeltonus birgt immer die Gefahr der (negativen) Verspannung, ein zu niedriger Muskeltonus den der Energielosigkeit und Schlaffheit.
Zu hohe, zu niedrige oder unterbrochene Körperspannung des Reiters wirken sich nicht nur auf seinen eigenen Körper aus, sondern in direkter Folge auch auf das Pferd – insbesondere an der wichtigen Schaltstelle »Becken/Gesäß des Reiters – Pferderücken«.

Alles beeinflusst alles

Insgesamt bilden Reiter und Pferd einen geschlossenen **Energiekreis**, in dem jede Veränderung an beliebiger Stelle von Pferd oder Reiter auf das gesamte System wirkt (siehe auch die vorangestellten Trockenübungen für den Reiter).
Erzeugt wird die Energie im System vom Pferd und zwar von der vortretenden Hinterhand, dem Motor. Der Reiter ist dafür verantwortlich, die Energie ungehindert durchzulassen und schließlich zu lenken.

Bewegung durchlassen, Bewegung kontrollieren

Das Pferd ist von Natur aus ein »Bewegungstier«. Deswegen sollte es dem Reiter nicht schwer fallen, ihm seine natürliche Bewegungsfreude und seinen von Natur aus vorhandenen Vorwärtsdrang auch bei der Arbeit unter dem Sattel zu erhalten. Die Praxis zeigt leider etwas anderes – nämlich viele abgestumpfte, zähe Pferde, die nur noch mit viel Aufwand seitens des Reiters vorwärts gehen. Diesen Pferden haben die Reiter mit »zu viel Aktion« oder auch mit zu viel Spannung im Sitz den Vorwärtsdrang weggeritten.

Kontrolle beginnt im Kopf

Etwas schwerer ist es schon, die manchmal überschäumende Energie junger oder auch verrittener Pferde in geregelte Bahnen zu lenken, ohne dabei ins Ziehen zu kommen. Doch dafür ist dem Menschen ein Gehirn zum Nachdenken gegeben: Mit durchdachter Boden- und Longenarbeit kann jeder junge Wildfang diszipliniert und gymnastiziert werden, so dass er sich auch bei den ersten Reitversuchen unter dem Reiter »zivilisiert« benimmt.

Auch ältere Pferde mit Rückenproblemen, die dem Reitergewicht davonrennen, können am Boden korrigiert werden, desgleichen schlecht erzogene Pferde, die den Reiter nicht respektieren. Der Reiter muss zur Problembehebung nicht immer auf dem Pferd sitzen. (Der auf Seite 38 vorgestellte **»Rückentrainer«** kann beim Longieren von Pferden mit Rückenproblemen sehr hilfreich sein.)
Bei Problemen mit der Tempokontrolle gilt der Satz

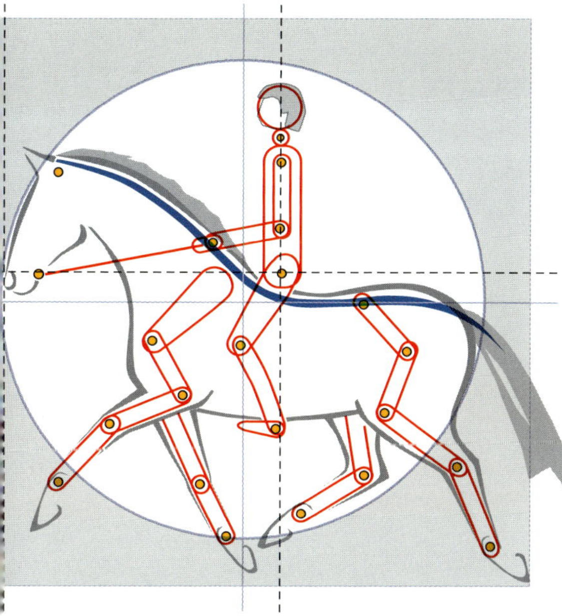

Der Energiekreis: Alles beeinflusst alles. Alle Gelenke sowohl im Körper des Reiters als auch im Pferdekörper müssen locker sein und Bewegung abfedern.

Pferd und Reiter bilden einen gemeinsamen, in sich geschlossenen Energiekreis – ein System in dynamischer Bewegung. Beide müssen eine gewisse Körperspannung haben. Diese Spannung muss in Form von »rhythmischer Wechselspannung« bestehen und darf sich nicht in »statische Verspannung« verkehren.

Der Begriff Losgelassenheit bezeichnet diese rhythmische Wechselspannung in ihrer minimalen Ausprägung.
Der gute, gefühlvolle Reiter »steuert« sein fein ausgebildetes Pferd fast nur noch mit leichten Veränderungen seiner Körperspannung.

»Die Kontrolle beginnt im Kopf« – und zwar im Kopf des Reiters, der im Kopf des Pferdes die Bereitschaft zur aufmerksamen Mitarbeit herstellen muss, und der sich Gedanken darüber machen muss, wie er eigene und körperliche Probleme des Pferdes kompensieren und/oder wegtrainieren kann.

Die Schaltstellen

An zwei **Haupt-Schaltstellen** sind die beiden einzeln gespannten Systeme »Pferd« und »Reiter« miteinander verbunden. Das ist zum einen die schon erwähnte **Schaltstelle »Pferderücken-Reitergesäß/Sitzknochen-Reiterbecken«.** Hier findet der größte Energieaustausch statt. Bewegungsimpulse aus dem Rücken des Pferdes werden vom Becken des Reiters aufgenommen und über die Wirbelsäule sowie in geringerem Maße über die Gelenke abgefedert. Das Reiterbecken ist praktisch so etwas wie ein **»Bewegungsumwandler«**. Es wandelt die komplexe Auf-, Ab- und Vorwärtsbewegung des Pferderückens in ein ebenfalls komplexes Vor- und Zurückschwingen der Wirbelsäule in Verbindung mit einer leichten Torsion (Drehbewegung) um. Dazu sind Dreh- und Kipp-Bewegungen im Becken notwendig, die hauptsächlich durch die Bauchmuskulatur gesteuert werden und die schließlich dazu führen, dass die Gesäßknochen des Reiters immer Kontakt zum Pferderücken behalten.
Es geht an dieser Schaltstelle hauptsächlich darum, Bewegungsimpulse des Pferdes durchzulassen und sie nicht durch ein festgehaltenes Becken (festgestelltes Kreuz) zu hemmen.
Das erspart dem Reiter ständiges abstumpfendes Treiben mit dem Schenkel oder gar Sporen.

Hält das Pferd den Rücken fest, so kann dies ursächlich vom Pferd ausgehen, kann aber auch vom

Reiter verursacht sein, wenn dieser nämlich sein »Kreuz nicht loslässt«, d.h. das Becken in einer Stellung mehr oder weniger stark festhält und damit das Schwingen des Pferderückens behindert.

Energie lenken

An der **Schaltstelle »Rücken-Reitergesäß«** wird jedoch auch Energie gelenkt. Durch Gewichtsverlagerung »lockt« der Reiter das Pferd praktisch hinter seinem Gewicht her. Das Pferd läuft unter das Gewicht des Reiters, versucht sich unter dem Reiter neu auszubalancieren, wenn dieser es gezielt durch die Gewichtsverlagerung aus dem Gleichgewicht bringt (siehe auch Biegung/Wendungen reiten). Deswegen ist es sehr wichtig, dass der Reiter im Normalfall (wenn er keine Hilfe geben will) wirklich ausbalanciert und senkrecht sitzt.

Die **zweite Schaltstelle** ist die Verbindung **»Pferdemaul-Zügel-Reiterhand«.** Hier wird die Energie aus dem Gesamtsystem zusätzlich gelenkt und außerdem nach vorne begrenzt. An dieser Schaltstelle wird der Spannungsbogen mehr oder weniger stark gespannt (–> rund reiten, an den Zügel stellen, versammeln). Das darf jedoch nicht durch einfaches »Gegenhalten mit Kraft« (= Ziehen) geschehen, sondern mit den berühmt-berüchtigten halben Paraden. Der Reiter nimmt immer nur so kurz wie möglich den Zügel an und überlässt es dann dem Pferd, sich neu über ein Untersetzen der Hinterbeine auszubalancieren, sich praktisch selbst »aufzunehmen«. Nimmt er zu lange an, so gibt er dem Pferd die Möglichkeit, sich in der Hand des Reiters eine Stütze zu suchen. Es wird kopflastig und hängt dem Reiter auf der Hand (legt sich auf den Zügel).

Um schnell und kurz (und weich) mit dem Zügel einwirken zu können, ist es unerlässlich, dass alle

Exkurs: Der Rückentrainer

Der Rückentrainer ist eine Kombination aus Fahrgeschirr und Doppellonge; er bietet die Vorteile der Doppellongenarbeit, ist jedoch sehr viel einfacher zu handhaben.

Über dem Rücken des Pferdes liegt ein Geschirr, welches einen Riemen um die Hinterhand des Pferdes über eine Art flexiblen Ausbinder mit dem Maul bzw. der Nase des Pferdes verbindet. (Das Prinzip funktioniert auch mit beidhändig verwendbaren, gebisslosen Zäumungen wie dem Sidepull).

Die Longe wird in den inneren Gebissring eingeschnallt (bzw. im inneren Ring des Sidepulls).

Durch die Bewegung bekommt das Pferd durch den Riemen um die Hinterhand ständig leichte treibende Impulse. Und es gibt sich ständig selbst leichte Paraden über die Verbindung von Hinterhandriemen zum Maul.

Die Längenverschnallung der seitlichen Verbindung wird so eingestellt, dass das Pferd nicht zu eng im Hals wird und nicht hinter die Senkrechte kommt – in etwa so, wie man einen Dreieckszügel oder Ausbinder auch verschnallen würde.

ɑs aktive Vortreten mit der Hinterhand hebt en Rücken an.

er Riemen um die Hinterhand gibt treibende npulse.

Gelenke im Arm des Reiters inklusive Schultergelenk locker sind. Andernfalls wird die Reiterhand hart und langsam. Die Gelenke können jedoch nur locker sein, wenn das Becken die Schwingungen des Pferderückens aufnimmt und sie in eine Bewegung der Wirbelsäule des Reiters umwandelt, ohne dass die Gliedmaßen, insbesondere nicht die Schulter, an dieser Ausgleichsbewegung teilhaben (= unabhängiger Sitz).
Die Verbindung Pferdemaul-Zügelhand kann nur richtig funktionieren, wenn an der Schaltstelle Pferderücken-Reitergesäß alles in Ordnung ist und wenn das Pferd Energie von hinten erzeugt – also genug vorwärts geht. Hier schließt sich also der Kreis.

In den folgenden Abschnitte ist kurz zusammengefasst, worauf ein Reiter bei der korrekten Ausrichtung und beim »Offenhalten der Schaltstellen« achten muss:

Gewohnheiten erkennen – dem eigenen Körpergefühl misstrauen

Gerade ist nicht gerade ...

Viele Reiter halten sich von ihrem Körpergefühl her für absolut gerade – und sitzen dabei völlig schief. Über die Konzentration auf die Druckverteilung auf den Gesäßknochen und durch Videoaufnahmen oder Fotos können solche Reiter davon überzeugt werden, dass ihr Körpergefühl sie täuscht. Sie müssen sich dann eine Weile bewusst »gefühlsmäßig falsch« hinsetzen, bevor ihr Körper wieder gerade signalisiert, wenn sie auch wirklich gerade sind.

Ungewohnt ist nicht falsch ...

Übungen wie »Finger oder Arme verschränken« auf zwei verschiedene Arten auszuführen, können feste Gewohnheiten und Einseitigkeiten bewusst machen (siehe Abbildung). Beide Arten sind richtig,

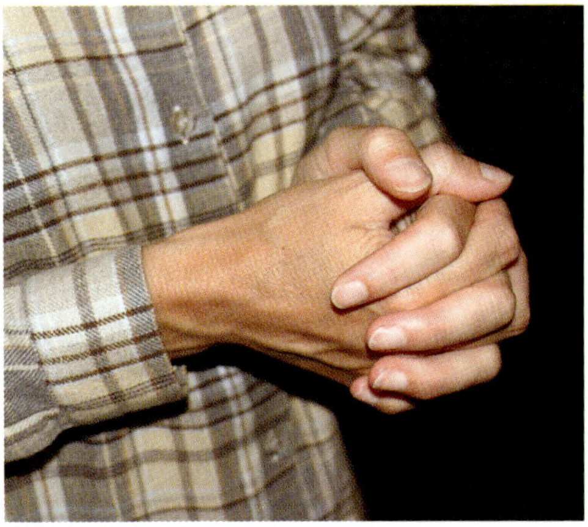
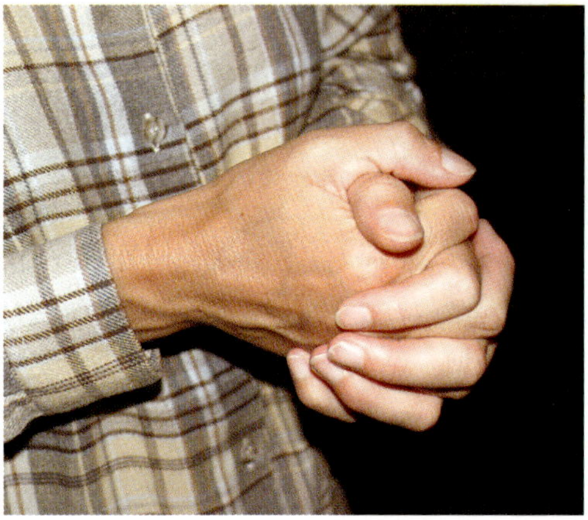

2 Arten, die Finger oder die Arme zu verschränken; nur eine wird jeweils bevorzugt benutzt.

doch benutzen wir immer nur die eine Art und die andere fühlt sich falsch, weil ungewohnt, an.

Das Bild einer Ideal-Bewegung im Kopf haben

Die Qualität einer Bewegung ist wichtig! Das gilt sowohl für den Reiter als auch für das Pferd – und in besonderem Maße für die gemeinsame Bewegung. Mit »idealen« Vorstellungsbildern und einem entwickelten Bewegungsgedächtnis mit »abrufbaren Bewegunsgefühlen« (siehe Trockenübungen) kann die Qualität beurteilt und bewertet werden.

Bewusste und zweckmäßige Bewegungen

Jede Bewegung des Reiters verrät dem Pferd etwas über den Reiter: über seinen Muskeltonus, seine Stimmung (seine Angst) und eben seine Absichten.

Deswegen darf der Reiter weder das Ziel einer Bewegung, den Zweck (= Hilfengebung, Kommunikation mit dem Pferd) aus den Augen verlieren, noch unbewusst agieren.

Der Reaktion des Pferdes vertrauen

Gibt der Reiter das richtige Signal, reagiert auch das (unverdorbene) Pferd richtig.
Richtig ist, was das Pferd mit der erwünschten Reaktion quittiert.
Eine gute Reaktion ist immer eine prompte Reaktion ohne Widerstand.

Aus dem Bauch heraus urteilen

Unterschwellig – »aus dem Bauch« – wissen fast alle Reiter, wenn etwas schief läuft. Einem solchen Gefühl sollte man immer vertrauen – auch wenn der Reitlehrer oder Zuschauer von unten etwas anderes sagt. Wichtig ist, dass man sich auf dem Pferd wohl fühlt, dass das Pferd einen harmonisch in die Bewegung »mitnimmt«. Wenn sich dieses Gefühl nicht mit der Zeit einstellt, so ist etwas nicht in Ordnung. Das kann kurzfristig sein und in der nächsten Stunde schon wieder behoben. Bleibt langfristig ein ungutes Gefühl, so muss etwas an der Arbeit geändert werden.

In den folgenden praktischen Übungen werden in einzelnen »Themen-Blöcken« Anweisungen und Lektionen durchleuchtet, die häufig schief laufen oder missverständlich erklärt werden. Die einzelnen Themenbereiche können nicht isoliert gesehen werden, sondern stehen immer mit den anderen Bereichen in Beziehung. Fehlt in einem Block etwas, so enthält er einen Verweis auf einen korrespondierenden Bereich.

oben: Die Schaltstelle Pferdemaul-Hand ist durch das Ziehen am inneren Zügel blockiert; das Pferd wehrt sich mit Verwerfen.
unten: Losgelassenere Haltung von Reiterin und Pferd – die Schaltstellen sind offen (nur der innere Schenkel drückt etwas zu stark).

Die Praxis

Die Struktur des praktischen Teils:

1. Lektion, Ausbildungsziel, Anweisung
2. Wozu ist die Lektion gut, wem dient sie bzw. was ist wirklich mit dem Kommando gemeint? Wie sieht die richtige Ausführung aus?
3. Welche Missverständnisse treten auf und welche Fehler passieren? Wo ist Diskussionsbedarf
4. Korrekturmöglichkeiten, Verbesserungsvorschläge, Fehlerbehebung – Was muss geändert werden und wie kann es geändert werden?
5. Übungen für den Reiter (mit und ohne Pferd, Übungen nach Feldenkrais) und gerittene Lektionen (für Reiter und Pferd), die eine Verbesserung bewirken können
6. Fallstudien und Bildsequenzen zur Verdeutlichung der Probleme
7 **Merkkästen:** »Das Prinzip dahinter« erkennen, das Wichtigste in Kürze, Beurteilungskriterien für die »richtige« (= funktionelle) Haltung von Reiter und Pferd in der jeweiligen Lektion oder Übung.

Schritt am langen Zügel: Die Reiterin sitzt locker und gut aufgerichtet im Oberkörper.

1 Anweisung · Ausbildungsziel

Den unabhängigen Sitz erreichen

Im Einzelnen: Aufrichtung im Oberkörper des Reiters, gestreckt sitzen, auf den Sitzknochen sitzen, Beine »lang machen«, Schultern entspannen, die Hände vor sich her tragen. Wechseln zwischen verschiedenen Sitzarten: leichter Sitz, Leichttraben und Vollsitz. Mit oder ohne Bügel reiten?

2. Wie muss es aussehen? Wofür ist es gut? Wem dient es?

Der Reiter lernt, in der Balance im »Wahrnehmungssitz« zu sitzen, ohne sich mit den Beinen oder Armen »festhalten« zu müssen. Dazu muss er seine Sitzknochen erfühlen, muss das Becken in der mittleren Position ausrichten können, so dass die Wirbelsäule nach vorn und hinten frei schwingen kann, um Bewegungsimpulse aus dem Pferderücken aufzunehmen. Er muss den Kopf frei tragen, die Schultern fallen lassen und den Ellbogen aus

Leichttraben: Aufrichtung im Oberkörper, Ausrichtung und Balance sind gut, Schultern und Arme könnten etwas lockerer sein.

den Schultern locker hängen lassen. Die Beine hängen frei aus der Hüfte und sind aus dem Hüftgelenk nach innen gedreht. Das ganze Bein federt nach unten, insbesondere die Fußgelenke.

3. Fehler, Missverständnisse und Diskussionsbedarf

Wie schon mehrfach erwähnt, ist »Sitzen« auf dem Pferd nicht statisch, sondern eine kontinuierliche, rhythmische Bewegung, insbesondere des Beckens und der Wirbelsäule. Aber auch alle Gelenke in Armen und Beinen des Reiters müssen locker sein, um als zusätzliche »Stoßdämpfer« mit Federwirkung dienen zu können.

Die Hauptfehler bei Sitzkorrekturen passieren dort, wo losgelöst von der Gesamtbewegung ein einzelner Körperteil korrigiert werden soll.

Prinzipiell muss die Sitzkorrektur immer an der »Schaltstelle Becken« ansetzen und sich daraufhin mit einer zweckmäßigen Aufrichtung und Balance des Oberkörpers beschäftigen.

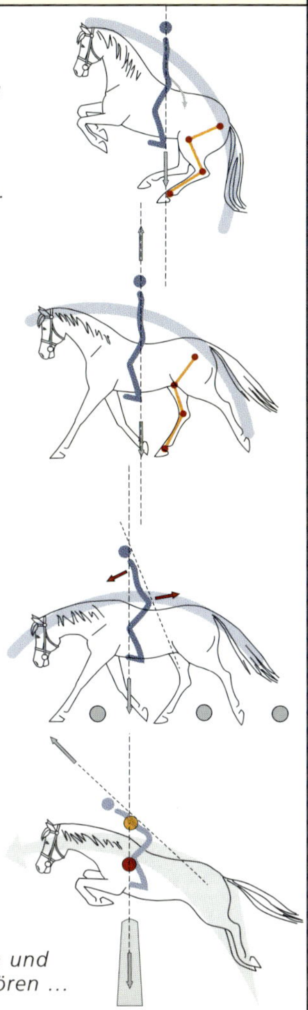

Gut sitzen heißt vor allem ausbalanciert sitzen und seine Balance schnell den jeweiligen Erfordernissen anzupassen.

In jeder Gangart und jedem Tempo müssen immer wieder neu die Schwerpunkte von Reiter und Pferd übereinander gebracht werden.

Anfangs, als Anfänger, passt sich der Reiter dem Pferd an. Später passt sich das Pferd dem Reiter an, wenn dieser eine richtige Gewichtshilfe gibt.

Beim Springen muss die Schwerpunktverlagerung am deutlichsten und am schnellsten erfolgen.

Aussitzen: Reiter und Pferd schön gerade. Die leicht weggespreizten Ellbogen bringen etwas zu viel Spannung in den Arm.

Galopp: still sitzen und möglichst nicht stören …

Hohe Spannung im Sitz: leichtes Hohlkreuz und Fußgelenke bis zum Anschlag gedehnt. Ein Sitz, der optisch richtig aussieht, jedoch nicht ganz losgelassen ist.

Gute Ausrichtung der Reiterin aber zu viel Kreuzeinsatz: Der Beckenkamm ist nach hinten gekippt, der Rücken rund. Das Pferd quittiert den Druck im Rücken mit Aufsperren des Maules.

Durch Kommandos wie »Schulter zurück« oder »mach' mal die Beine zu« bekommt man meist zu viel statische Spannung in den Körper des Reiters hinein. (Viel wichtiger als das »Zumachen« ist beim Reiten sowieso das wieder »Loslassen«.) Eine Korrektur der Lage des Unterschenkels ohne den Hinweis, dass sich dafür auch etwas an der Stellung des Beckens ändern muss, bringt keinen dauerhaften Erfolg.

Der unabhängige Sitz ist ein ausbalancierter Sitz. Und Balance wird durch ständige **kleine** Ausgleichsbewegungen von Becken und Wirbelsäule erreicht. Stellt man durch ineffektive Korrektur an den Gliedmaßen ein Gelenk fest, so dass es nicht mehr federn kann, verschlimmert man die meisten Sitzprobleme nur, weil das festgestellte Gelenk (der angeklemmte Unterschenkel oder die hochgezogene bzw. heruntergedrückte Schulter) zurück auf das Becken wirkt und dieses in seiner Beweglichkeit mit einschränkt.

Die häufigsten Sitzfehler, ihre Auswirkungen auf den Reiter und in der Folge davon auf das Pferd

Vorangestellt sei gesagt: Manche Sitzfehler entstehen durch Ausweichmanöver oder Rückenprobleme des Pferdes – »das Pferd setzt den Reiter falsch hin«. Auch dies muss jedoch der Reiter durch Konzentration auf den eigenen Sitz sowie passende »Sitzarten« (z.B. Rücken des Pferdes durch Leichttraben entlasten) ausgleichen können. Wo er dies nicht kann, müssen Longenarbeit und Arbeit in für das Pferd unproblematischen Gangarten zwischengeschaltet werden, um das Pferd erst einmal ins Gleichgewicht zu bringen.

Nur der funktionell richtig sitzende Reiter mit (dadurch bedingter) schneller Reaktion ist in der Lage, so auf das Pferd einzuwirken, dass dessen eigene Probleme gebessert werden können.

Der innere Schenkel klemmt, die innere Hand ist auf den Oberschenkel gezogen. Zudem ist der Oberkörper nach innen verdreht. In dieser Haltung hat die Reiterin keine Kontrolle über das Pferd.

Die Absätze sind hochgezogen, der Unterschenkel etwas zu weit hinten. Die Reiterin kippt übers Knie nach vorn. Die Balance ist beeinträchtigt. Dazu zieht die innere Hand nach hinten-unten.

Die Hauptfehler im Sitz des Reiters

Dauerhaft zu hohe Spannung im gesamten Körper des Reiters (keine Losgelassenheit)

–> mangelnde Balance, Reiten mit zu viel Kraft –> auch das Pferd geht mit zu viel Spannung und wird sich im Rücken nicht loslassen.

Sitz nach hinten überstreckt (Schulter zu weit nach hinten genommen, leichtes Hohlkreuz, Kopf in den Nacken gelegt)

–> Beckenbeweglichkeit, Balance und Reaktionsschnelligkeit sind eingeschränkt, der Sitz des Reiters wird steif und stört das Pferd im Rücken –> die Rückenbewegung des Pferdes wird gehemmt, das Pferd klemmt oder rennt.

Schulter festgehalten, hochgezogen oder heruntergedrückt

–> die Beckenbeweglichkeit ist eingeschränkt, der Sitz wird steif, die Arme werden steif, Oberarm und Ellbogen hängen nicht mehr locker, deswegen ist keine unabhängige (schnelle, kommunikative) Hand möglich und keine weiche Zügelverbindung mit dem Pferdemaul –> die Kommunikation mit dem Pferd wird ineffektiv, der Reiter stört das Pferd sowohl im Rücken als auch im Maul.

Auf dem Oberschenkel sitzen, »Spaltsitz«

–> keine Beckenbeweglichkeit, der Reiter weicht den Rückenbewegungen des Pferdes aus, er kann nicht gezielt mit Gewichtshilfen einwirken, die Wahrnehmungsfähigkeit über den Sitz ist eingeschränkt –> das Pferd bestimmt das Tempo und hält in vielen Fällen den Rücken fest.

Knie oder Unterschenkel dauernd ans Pferd gepresst

–> dauerhafte Spannung in den Adduktoren im Oberschenkel, der Reiter hebelt sich aus dem tiefen Sitz heraus, der Beckenkamm wird leicht nach hinten gekippt, Beckenbeweglichkeit, Balance und Wahrnehmungsfähigkeit über den Sitz sind eingeschränkt –> die Rückenbewegung des Pferdes wird gehemmt, das Pferd klemmt meist, statt besser vor-

Zu viel Druck im Bügel: Die Reiterin hebelt sich nach hinten aus dem Sitz heraus. Sie spürt die Gesäßknochen nicht mehr. Sie kann Spannungsveränderungen im Pferd nicht mehr schnell genug spüren.

Das Hängenlassen des Kopfes, bzw. das Herunterschauen aufs Genick des Pferdes ist der Beginn eines Zusammenfallens im Oberkörper – damit der Anfang einer Blockade im Becken des Reiters und schließlich im Rücken des Pferdes.

wärts zu gehen, wie es der Reiter mit den angedrückten Unterschenkeln beabsichtigt.

Absätze hochgezogen, Unterschenkel zu weit hinten

–> Der Reiter kippt über das Knie nach vorn und macht meist dabei einen Buckel/ Rundrücken, er fällt dem Pferd auf die Schulter –> das Pferd klemmt meist in der Bewegung, die Schulterfreiheit leidet, es kommt auf die Vorhand

Unterschenkel zu weit vorn, zu viel Druck im Bügel

–> Das Bein wird steif, die Gelenke federn nicht mehr, der Reiter drückt sich nach hinten Richtung Hinterzwiesel aus dem Sitz heraus, er weicht der Rückenbewegung des Pferdes aus und sitzt meist im Brustkorb zusammengefallen mit Rundrücken; der Beckenkamm ist nach hinten gekippt, deswegen ist keine gezielte Einwirkung mit Gewichtshilfen möglich, die Wahrnehmungsfähigkeit über den Sitz ist eingeschränkt –> das Pferd bestimmt sein Tempo und seine Haltung, hält den Rücken fest, klemmt oder rennt.

Der Reiter lässt den Kopf hängen oder schaut aufs Pferd herunter

–> damit fällt er schon ansatzweise im Oberkörper zusammen, der hängende Kopf ist der erste Schritt zum Buckel und blockiert über das in der geraden Stellung festgestellte Kreuzbein den Sitz und in Folge den Pferderücken –> das Pferd schwingt nicht mehr im Rücken, klemmt in der Bewegung, geht nicht mehr freiwillig vorwärts.

Verdrehungen im Oberkörper aus der Schulter oder Hüfte heraus

–> Schultern und Hüfte des Reiters sind nicht mehr auf Schultern und Hüfte des Pferdes ausgerichtet, das Gewicht kommt auf die falsche Seite des Pferdes –> die Gewichtshilfen funktionieren nicht mehr, da sie eigentlich seitenverkehrt gegeben werden.

In der Hüfte einknicken, seitwärts herunterschauen, eine Schulter herunter drücken,

Verdrehung im Oberkörper: Die innere Schulter ist zu weit hinten, das innere Bein kommt leicht in die Außenrotation. Das Gewicht liegt außen – das Pferd wird an der offenen Zirkelseite nach außen drängen.

Einknicken in der Hüfte: Das Gewicht kommt nach außen. Das Pferd wird der Gewichtsverlagerung nach außen folgen und über die äußere Schulter drängen.

Oberkörper zu weit seitlich herüberhängen

–> das Gewicht kommt zu stark auf einen Gesäßknochen (im Allgemeinen nicht den, den der Reiter mit der Aktion beabsichtigt), die Schwerpunkte von Reiter und Pferd klaffen auseinder –> das Pferd läuft nicht mehr unter das Gewicht des Reiters, die Gewichtshilfen funktionieren nicht mehr.

»Zu viel Kreuzeinsatz«, den Beckenkamm dauernd nach hinten gekippt lassen

–> ein losgelassener Sitz mit Wechselspannung ist nicht möglich –> das Pferd quittiert es mit einem festgehaltenen oder gar weggedrückten Rücken.

Was in den Sonderformen »leichter Sitz« und »Leichttraben« so alles schief gehen kann

Bei allen Arten von Rückenproblemen des Pferdes und Sitzproblemen des Reiters kann der leichte Sitz Hilfe bieten. Aber auch der leichte Sitz muss ausbalanciert sein und kann nur über gute Beckenbeweglichkeit richtig »ausgesteuert« werden. Insbesondere ist der leichte Sitz »vorwärts orientiert« und soll den Rücken des Pferdes vom Druck der Gesäßknochen des Reiters entlasten. Deswegen muss ein Teil des Gewichtes, was im Vollsitz auf den Gesäßknochen lastet, über Bügel, Knie und Oberschenkel des Reiters abgestützt werden. Das geht nur, wenn der Oberkörper etwas vor die

Das Becken ist zu stark gekippt. Das Pferd quittiert diese Rückenblockade mit dem Hochdrücken des Halses.

Die Haltung des Pferdes ist gut. Die Reiterin trabt mit etwas zu rundem Rücken leicht. Die Wahrnehmungsfähigkeit gegenüber Spannungsveränderungen im Pferdekörper ist eingeschränkt.

Auch hier ist die Haltung des Pferdes gut. Die Reiterin gibt gut nach, belastet jedoch den Rücken des Pferdes weit hinten und muss sich aus dieser Stellung mit viel Kraft nach vorne-oben »hoch wuchten«.

Senkrechte kommt, das Knie etwas fester am Sattel liegt und etwas mehr Druck im Bügel aus dem Fußgelenk nach unten abgefedert wird.

Die Maxime »Aufrichtung im Oberkörper« gilt auch für den leichten Sitz. Nur »wächst« der Oberkörper dabei nicht senkrecht nach oben, sondern wird aus dem Hüftgelenk nach schräg vorne-oben ausgerichtet – mit erhobenem Kopf, lockeren Schultern und »geradem« Rücken, tendenziell sogar einem minimalen Hohlkreuz, was der Stabilisierung des Oberkörpers dient. Die Abweichung des Oberkörpers von der Senkrechten sollte im Normalfall nur 5–10 Grad betragen – ausgenommen der Sitz über dem Sprung und im Renngalopp.

Die häufigsten Fehler im Leichttraben

Der Reiter steht aktiv auf, statt sich vom Pferd nach oben mitnehmen zu lassen –> er kommt aus dem Takt, benutzt die Bügel wie eine Art Leiter, ohne die Knie als Stabilisierungspunkte einzusetzen und wird instabil –> er stört das Pferd und das Pferd kommt mit ihm zusammen aus dem Takt.

Der Reiter drückt das Knie durch und zieht den Ansatz hoch (oft bedingt durch einen zu langen Bügel) –> die Federwirkung der Gelenke wird ausgeschaltet, die Balance beeinträchtigt –> der Reiter kann nicht mit dem Gewicht einwirken und das Pferd nur mangelhaft kontrollieren –> das Pferd tut, was es für richtig hält und bestimmt sein Tempo selbst.

Der Reiter macht einen Buckel (fällt im Oberkörper zusammen) –> er kann nicht weich und kontrolliert einsitzen, weil sein Beckenkamm in die falsche Richtung kippt und weil die nötige Körperspannung für die Balance fehlt –> er fällt dem Pferd relativ weit hinten in den Rücken –> das Pferd wird dies mit festgehaltenem Rücken quittieren.

Die Unterschenkel rutschen nach vorn weg –> Der Oberkörper kommt zu weit nach hinten und

Hier klemmt der Schenkel fest. Die gut vorgehende (aber etwas zu tiefe) Hand gleicht diesen Fehler etwas aus – die Haltung des Pferdes zeigt, dass es sich recht wohl fühlt. Prinzipiell kommt jedoch zu viel unnötige Spannung in den Sitz.

Hier stimmt die Haltung der Reiterin und die Balance, nicht ganz jedoch die Position der inneren Hand. Das Pferd zeigt eine optimale Haltung – insbesondere wenn man bedenkt, dass dieses Pferd zu Beginn der Arbeit ein Dreivierteljahr zuvor den Rücken völlig durchfallen ließ ...

der Reiter fällt dem Pferd beim Einsitzen in den Rücken –> das Pferd hält den Rücken fest.

Der Reiter sitzt zu weit hinten ein –> er muss sich mit zu viel Kraft wieder nach vorn »hochwuchten«, bleibt hinter der Bewegung des Pferdes zurück –> der Rücken des Pferdes wird zu weit hinten belastet, der Zweck des Leichttrabens, den Pferderücken zu schonen, ist nicht erreicht.

Die Unterschenkel rutschen nach hinten weg –> Der Reiter kippt übers Knie nach vorn und fällt dem Pferd auf die Schulter (oft auch in Verbindung mit Buckel) –> das Pferd fällt auf die Vorhand.

Der Oberkörper wird nicht aus dem Hüftgelenk nach vorn genommen –> der Reiter steht zu gerade auf, kommt beim Einsitzen hinter die Bewegung (aus dem Takt) und fällt dem Pferd in den Rücken –> das Pferd hält den Rücken fest, der Zweck des Leichttrabens, den Pferderücken zu schonen, ist nicht erreicht.

Der Oberkörper fällt zu weit nach vorn –> der Reiter kommt vor die Bewegung –> das Pferd wird kopflastig, kommt auf die Vorhand.

Im leichten Sitz ist es besonders wichtig, die Stabilisierung über die drei Punkte Bügel/-Fußgelenk, Knie und Becken, deren richtige Stellung/Ausrichtung zueinander, sowie über eine ausreichende Körperspannung im Oberkörper (minimales Hohlkreuz) zu erreichen und nicht frei schwebend wie ein Jockey und damit einwirkungslos über dem Pferd zu balancieren.

Die häufigsten Fehler im leichten Sitz im Trab und Galopp

Der Reiter steht im Bügel, ohne das Knie als Stabilisierungspunkt zu benutzen (das Knie ist zu gerade) –> Der Sitz wird instabil, die Unterschenkel rutschen nach vorn und/oder hinten weg –> der Reiter kann das Pferd nicht kontrollieren.

Der Reiter hat den Bügel zu kurz –> er balan-

Die Reiterin steht zu sehr im Bügel. Die gerade heruntergedrückten Arme bringen zu viel Spannung in den leichten Sitz. In dieser Haltung ist die Einwirkung stark eingeschränkt.

Vor der Bewegung: die Unterschenkel rutschen nach hinten, der Oberkörper ist zu weit vorne. Der Zügel wirkt etwas zu lang; hätte die Reiterin den Oberkörper etwas weiter hinten und die Hände etwas höher, so wäre die Länge in Ordnung.

ciert über dem Pferd und hat keine Einwirkung mehr über das Kreuz (vgl. im Rennsitz)

Der Reiter hat den Bügel zu lang –> er fällt mit dem Oberkörper nach vorn über die Schulter des Pferdes, um sein Gesäß noch aus dem Sattel zu bekommen –> das Pferd wird kopflastig.

Der Reiter macht einen Buckel (fällt im Oberkörper zusammen) –> er blockiert sein Becken und seine Wirbelsäule – insbesondere kann er sein Becken im Galoppsprung nicht »hochrollen« (das muss er auch im leichten Sitz tun) und so die Bewegung des Pferdes nicht richtig mitmachen bzw. unterstützen.

Die Unterschenkel rutschen nach vorn weg –> Der Oberkörper kommt zu weit nach hinten und wird instabil (oft in Verbindung mit Rundrücken), der Reiter fällt nach hinten und balanciert sich durch Ziehen am Zügel aus –> in der Folge drückt meist das Pferd den Rücken weg.

Die Unterschenkel rutschen nach hinten weg –> Der Reiter kippt übers Knie nach vorn und fällt dem Pferd auf die Schulter (oft auch in Verbindung mit einem Buckel).

Der Oberkörper wird nicht aus dem Hüftgelenk nach vorn genommen, bleibt zu senkrecht –> der Reiter kommt hinter die Bewegung.

Der Oberkörper fällt zu weit nach vorn –> der Reiter kommt vor die Bewegung –> das Pferd wird kopflastig.

Der Oberkörper wird verdreht –> die Ausrichtung stimmt nicht mehr –> das Pferd kommt aus der Balance

Leichter Sitz und Leichttraben bedeutet nicht, ohne Einwirkung über dem Pferd zu schweben, sondern präzise einzuwirken, ohne den Rücken zu belasten.

Vor der Bewegung, übers Knie kippen: Das Pferd gleicht das zu weit vorverlegte Gewicht der Reiterin in diesem Fall durch extremes Unterspringen aus. Der nach außen abgespreizte Ellbogen bringt die Arme in die Innenrotation (= zu viel Spannung).

Leichte Verdrehung im Oberkörper: Innere Hand und Schulter sind zurückgezogen. Das Pferd fällt leicht auf die äußere Schulter und ist im Hals stärker gebogen als im restlichen Körper.

Alle diese Fehler im leichten Sitz und im Leichttraben führen in der leichten Ausprägung dazu, dass der Reiter nur eine eingeschränkte Möglichkeit der Einwirkung auf die Bewegungen des Pferdes hat. In der schweren Ausprägung führen sie zu einer deutlichen Störung der Balance des Pferdes. Der Nutzen des leichten Sitzes und des Leichttrabens, nämlich präzise Kontrolle der Pferdebewegung, ohne dabei den Pferderücken stark zu belasten, ist dann nicht vorhanden.

4 + 5 Korrekturmöglichkeiten, Verbesserungsvorschläge, Übungen

Ohne Bügel?

Bei manchen Sitzproblemen ist es sinnvoll, ohne Bügel zu reiten. Es kommt immer darauf an, ob das Pferd die Sitzprobleme des Reiters (durch Steifheiten oder Rückenprobleme) verursacht oder ob der Reiter einfach noch an seinem Sitz feilen muss. Auf einem steifen, unausbalancierten Pferd ohne Bügel zu reiten, ein solches Pferd überhaupt aussitzen zu wollen, ist konzeptioneller Unsinn, denn dies macht weder das Pferd lockerer, noch hat es irgendeinen Nutzen für den Reiter.

Soll der Reiter jedoch auf einem geeigneten Lehrpferd mit schwingendem Rücken lernen, sich auszubalancieren, so können insbesondere Fehler, wie z.B. das Abstützen nach vorn im Bügel (zu viel Bügeldruck) durch Reiten ohne Bügel behoben werden. Am einfachsten geschieht dies an der Longe, so dass sich der Reiter völlig auf seine Gesäßknochen konzentrieren kann und sich nicht um die Lenkung des Pferdes kümmern muss. Auch für fortgeschrittene Reiter empfehlen sich manchmal solche Sitzübungen, um sie wieder auf ihre Gesäßknochen zu sensibilisieren und die Beine locker aus der Hüfte hängen zu lassen. Verbunden mit Dehnübungen kann das Reiten ohne Bügel das lange Bein und den tiefen Sitz fördern.

Sitzübungen

Das Reiten ohne Bügel führt jedoch zu vermehrter, unerwünschter Spannung, wenn der Reiter noch gar nicht ausbalanciert sitzen kann. Er versucht dann, mit Anklemmen von Knien oder Unterschenkeln den Sitz zu stabilisieren und verschlimmert damit nur seine Instabilität; das Greifen ins Angstriemchen am Vorderzwiesel ist nur dann eine gute Lösung, wenn es nicht beständig geschieht, d.h. der Reiter nicht dauernd mit Kraftentfaltung im Arm das Gesäß im Sattel hält. Damit lernt er nicht, die Dreh-Kipp-Bewegung im Becken auszuführen, sondern wird steif im Oberkörper.

Das »Leichttraben ohne Bügel«, was früher gerne dazu eingesetzt wurde, dem Reiter beizubringen, das Knie zuzumachen, ist in vielen Fällen nicht empfehlenswert, weil es die meisten Reiter auch später dazu verführt, mit viel zu viel Kniedruck (d.h. zu viel Spannung) zu reiten und nicht einen Teil der Bewegung im Bügel bzw. über das Durchfedern im Fußgelenk aufzufangen.

Übungen

Sitz- und Bewegungsübungen auf dem Pferd.

Simulation der Dreh-Kipp-Bewegung: Übungen auf dem Stuhl auf dem Pferd nachvollziehen – Windmühle, Armkreisen in Übereinstimmung mit der Pferdebewegung.

Konzentration auf die Gesäßknochen (an der Longe im Trab und Galopp, im Schritt auch ohne Longe), am besten mit geschlossenen Augen

Lockerheit der Gelenke (ausgleichende Federwirkung) überprüfen: Schultern (für den Oberkörper incl. Hand) und Fußgelenke (für den Unterkörper) nehmen eine Schlüsselstellung ein.

Zügel balancieren in der inneren Hand: Wasserglas oder Löffel mit Ei

Ganz ohne Zügelanlehnung reiten – ausbalancieren, ohne sich am Zügel festzuhalten (ganze Bahn)

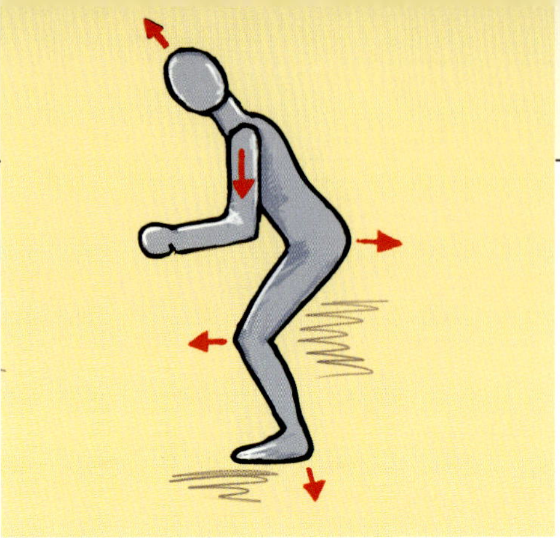

Die Ausrichtung der Bewegung beim leichten Sitz und beim Leichttraben.

Sitzübungen und Gymnastik zur Beckenbeweglichkeit

oben: Losgelassen sitzen und richtig parieren
rechts: Ein Wasserglas in der inneren Hand balancieren.

Inneren Arm nach oben strecken (Streckung im Oberkörper, Sitzknochen fühlen)

Aufrichtung im Oberkörper (so viel wie nötig, so wenig wie möglich):

Beide Arme senkrecht nach oben: erst abwechselnd und dann beide gleichzeitig.

»Einatmen-Übung«: Tief einatmen mit anschließendem »Schulter-fallen-Lassen«.

»Reißverschluss«: Streckung nach oben (Schwerpunkt oben lassen, Beine fallen lassen, Balance auf einem Bein mit leicht gebeugtem Knie.

Dehnübungen an der Longe oder im Halten auf dem Pferd:

Füße abwechselnd hinter den Sattel legen, dann beide gleichzeitig –> dehnt den vorderen Oberschenkelmuskel, dient als »Beinverlängerer« aus der Hüfte heraus.

Füße abwechselnd vor den Sattel stellen, dann beide gleichzeitig –> dehnt den Gesäß- und Rückenmuskel, sensibilisiert auf die Gesäßknochen.

Die gängigsten Sitzfehler v.li.n.re.: überstreckt, zusammengefallen, nach hinten gekippt

1 Lektion · Aufgabe

Das Pferd an den Zügel reiten

»Das Pferd rund reiten« – eine konstante Zügelanlehnung erreichen – richtige Paraden geben – Genick-Kontrolle.

2 Wozu ist die Lektion gut? Wem dient sie? Was ist wirklich mit dem Kommando gemeint? Wie sieht die richtige Ausführung aus?

Das Pferd lässt den Rücken los, schwingt und lässt den Reiter sitzen. Der Rücken des Pferdes »kommt hoch«, wölbt sich auf und wird tragfähig, die Hinterhand tritt aktiv unter den Schwerpunkt. Der »Spannungsbogen« entsteht; dabei ist die Nasenlinie vor der Senkrechten, das Genick soll der höchste Punkt sein, der Unterhals entspannt und die Kehle des Pferdes frei, so dass die Ganaschen genug Platz haben und die Ohrspeicheldrüse nicht eingeklemmt wird.

Ganz wichtig ist, dass das Pferd sich jederzeit vorwärts-abwärts an die Reiterhand herandehnt, wenn es der Reiter dazu auffordert, d.h. den Spannungsbogen flacher macht, ohne völlig die Spannung in der Oberlinie (den aufgewölbten Rücken) zu verlieren.

Die Abrufbarkeit der Dehnungshaltung mit maximaler Halslänge ist ein Kriterium für ein richtig am Zügel gehendes Pferd. Ein zweites ist die ständige, gummibandartige Zügelverbindung.

Vor allem der äußere Zügel muss als »Kontrollzügel« immer »dran« sein – auch in der Dehnungshaltung.

»Das Pferd muss am äußeren Zügel geritten werden«, heißt es ganz richtig in jeder Reitlehre.

Dieser einfache Ausspruch impliziert eine Menge Inhalt:

Über dem Zügel mit durchhängendem Rücken, hochgedrücktem Hals und nicht genug vortretender Hinterhand. (Dieses Pferd ließ zu Beginn der gymnastizierenden Arbeit den Rücken so stark durchfallen, dass die Reiterin das Gefühl hatte, hinter dem Widerrist in ein Loch zu fallen.)

Das Pferd muss den äußeren Zügel annehmen – es darf sich nicht darauf legen, nicht dagegen drücken, nicht versuchen, ihn dem Reiter aus der Hand zu reißen und sich nicht hinter dem Zügel »verstecken«.

Der innere Zügel muss »frei« sein. Er dient nur zum Stellen des Pferdes, nicht zur Kontrolle von Tempo, Biegung und Halsstellung.

»An-den-Zügel-Reiten« hängt eng zusammen mit »Paraden-Geben« und »Biegen«.
Ein Pferd, welches sich nicht biegt, nimmt halbe Paraden am äußeren Zügel nicht richtig an, kann an diesem also nicht gut kontrolliert werden und steht deswegen auch nicht korrekt am Zügel.

Ideale Haltung des Pferdes am Zügel in der flotten Vorwärtsbewegung. Der Rücken ist oben, die Hinterbeine treten weit vor. Das Pferd dehnt sich an die Reiterhand heran. Die Reiterin könnte jedoch lockerer leichttraben, insbesondere sollte der innere Unterschenkel weniger stark am Pferd liegen.

Hinter dem Zügel. Die Nasenlinie ist deutlich hinter der Senkrechten, der Hals nicht locker, was man an dem sichtbaren Unterhals sehen kann. (Das Pferd fiel bei der Arbeit oft von einem Extrem ins andere und schwankte zwischen über und hinter dem Zügel, was erhöhte Anforderungen an die Sensibilität der Reiterhand stellt ...)

Um ein Pferd richtig an den Zügel zu reiten, muss man es stellen und biegen können. Nur in der Stellung bzw. Biegung gibt es überhaupt einen inneren und einen äußeren Zügel. Und nur dann ist die Arbeitsteilung dieser beiden Zügel möglich (siehe auch Abschnitt »Biegung«).

Aus diesem Grund ist auch die Zirkelarbeit mit dem gebogenen Pferd so wichtig – und deswegen ist es leichter, ein Pferd auf gebogenen Linien (z.B. Zirkel) an den Zügel zu reiten als auf der Geraden.

Um ein Pferd an den Zügel zu reiten, muss es zudem gelernt haben, halbe und ganze Paraden anzunehmen.

Die Reihenfolge der Hilfen für korrektes »An-den-Zügel-Reiten« sieht folgendermaßen aus:

- 1 Das Pferd wird mit dem inneren Zügel nach innen gestellt. Der innere Zügel wirkt dabei nur seitwärts – nie nach hinten oder unten; bei jungen, unerfahrenen oder steifen, schlecht gymnastizierten Pferden kann die innere Hand ruhig stark zur Seite genommen werden. Damit der Reiter dabei nicht zu weit nach innen kippt, kann er insgesamt »breit« führen, also beide Hände (innere und äußere) weit auseinander nehmen.

  Der äußere Zügel hält dabei möglichst weichen Kontakt zum Pferdemaul und gibt so viel nach, wie das Pferd braucht, um sich nach innen zu stellen.

- 2 Wenn das Pferd sich nach innen gestellt hat, gibt der Reiter eine halbe Parade am äußeren Zügel. Damit fängt er die Tendenz des Pferdes auf, dem Stellungszügel nach innen, in eine Wendung zu folgen. Diese halbe Parade kann durch kurzes stärkeres Zumachen der Faust oder durch Eindrehen der Hand erfolgen.

Man muss nicht unbedingt auf dem Pferd sitzen, um es an den Zügel zu stellen …

3 Diese beiden Phasen – **Stellen am inneren Zügel und Auffangen am äußeren** – werden so oft wiederholt, bis das Pferd im Genick nachgibt. Dabei ist es wichtig, unregelmäßig einzuwirken und nicht in ein mechanisches »Riegeln« zu verfallen. Unregelmäßig heißt: Die innere Hand kann etwas höher oder tiefer eingesetzt werden, sie kann mit einem »vibrierenden« Ringfinger arbeiten oder auch kurzfristig aus dem Ellbogen heraus weit nach innen geführt werden. Versucht ein Pferd, sich auf den Zügel zu legen oder dagegenzudrücken, so kann der Kontakt am inneren Zügel notfalls kurz aufgegeben werden, um dem Pferd die Stütze im Zügel zu verwehren.

Die äußere Hand kann etwas tiefer stehen als die innere, kann seitlich vom Hals weggeführt werden, kann auch mit dem wackelnden oder vibrierenden Ringfinger arbeiten. Wichtig ist, dass der Kontakt am äußeren Zügel durch eine extrem schnelle und sensible Reaktion der äußeren Hand nicht abreißt, aber auch nicht zu starr und fest wird.

(In Ausnahmefällen kann jedoch auch der Kontakt am äußeren Zügel kurz aufgegeben werden.)

Bei allen Aktionen mit der Hand muss speziell darauf geachtet werden, dass beide Hände möglichst schnell wieder in die lockere, entspannte Ausgangsstellung (hängender Ellbogen, gerade Handgelenke bei aufgerichtetem Oberkörper und losgelassener Schulter) zurückkehren.

Jede kurzfristige Verstärkung einer Spannung am Zügel soll möglichst schnell wieder reduziert werden. Nicht nur, wenn das Pferd nachgegeben hat,

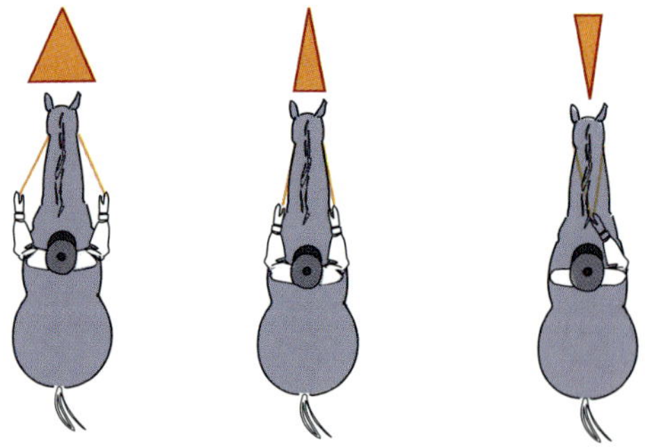

links: junges Pferd oder Korrekturpferd, Mitte: älteres Pferd, rechts: einhändig

Eine »breite Zügelführung« hält das Pferd »gerade« zwischen den Zügeln.

Minimalistisches Hilfenvokabular

Vokabular »pferdisch«: **Reiter-Signale ...**
... und wie sie vom Pferd verstanden werden.
Die Einwirkung wird hier auf die Version mit dem minimalen Druck reduziert: **»So schwach wie möglich, trotzdem so deutlich wie nötig.«**

1 **Reiterbein/Unterschenkel aus dem Fußgelenk vibrieren lassen:** »beweg' Deine Beine« – ohne Richtungsangabe (z.B. auch zum Rückwärtsrichten)
2 **Vibrierender Zügel:** »Nicht abstützen«, »Hier gibt es keine Stütze«
3 **Beide Hände oder eine Hand anheben:** »Lass den Kopf oben« – »Trag dich selbst«
4 **Innere Hand nach vorne-oben Richtung Ohren des Pferdes anheben, Maulwinkel nach oben ziehen:** »Gib im Genick nach«
5 **Breite Führung mit den Händen – innere Hand nach innen, äußere Hand nach außen:** »Bleib in der Mitte zwischen den beiden Zügeln«
6 **Kopf drehen:** »Folge meiner Aus-/Blickrichtung«
7 **Beckenkamm kurz nach hinten kippen:** »Verlangsamen«
8 **Beckenkamm hinten feststellen:** »Stopp«
9 **Gerteneinsatz hinten:** »Tritt vor, beweg' die Hinterbeine, nimm Gewicht auf«
10 **Gerteneinsatz vorne an der Schulter:** »Beweg die Schulter, lass die Schulter los«
11 **Knie kurz zumachen (kurzer Kniedruck):** Verlangsamen oder Anhalten (Ergänzung zur halben bzw. ganzen Parade)
12 **Einseitig Hüfte und Gesäßknochen vorschieben:** einseitige Gewichtsverlagerung (Ergänzung zur Kopfdrehung):»Folge meiner Ausrichtung«
13 **Einseitig die Schulter nach vorne nehmen:** Ergänzung zur einseitigen Gewichtsverlagerung/ Kopfdrehung: »Folge meiner Ausrichtung«
14 **Beide Hände vor – Zügelspannung herausnehmen:** »Vorwärts«
15 **Beide Hände stehen lassen (nicht rückwärts ziehen):** »Halt« bzw. »nicht nach vorn antreten«
16 **innere Hand zur Seite:** »Stell dich nach innen«
17 **Durchfedern im Fußgelenk nach unten:** Verstärkung einer Gewichtshilfe

sondern auch »probehalber«, wenn das Pferd noch nicht nachgegeben hat. Viele Pferde reagieren auf ein solches »Angebot« des Reiters zur Druckreduzierung damit, dass Sie sich zumindest ansatzweise an die Hand heranstrecken.

Schnelles Zurückkehren in die entspannte Mittelposition nach jeder Aktion (Hilfe) sowie alle Angebote des Reiters an das Pferd, Druck zu verringern und Spannung herauszunehmen, sind prinzipiell der Schlüssel für ein dauerhaftes harmonisches Reiten. Überall, wo mit fortschreitender »Ausbildung« immer mehr Kraft und Energie zum Reiten notwendig sind, ist die Ausbildung in die falsche Richtung abgedriftet.

3 Welche Missverständnisse treten auf, welche Fehler passieren? Wo besteht Diskussionsbedarf?

Es gibt vermutlich keine Lektion, keine Aufgabe, die so häufig und so gründlich missverstanden wird, wie das An-den-Zügel-Reiten und die Anlehnung des Pferdes an die Reiterhand.

Die meisten Missverständnisse ergeben sich aus einer Überbewertung der äußeren Form von Kopf und Hals des Pferdes. Es herrscht die verbreitete Ansicht »wenn die Nase unten ist, geht das Pferd am Zügel« – und diese Ansicht ist grundfalsch.

Das Pferd geht nur dann richtig am Zügel, wenn die Hinterhand aktiv untertritt und der Rücken oben ist. Hals und Kopf können nie isoliert vom Rest des Pferdes gesehen werden, insbesondere nicht losgelöst von der Rückentätigkeit. Eine gute Zügelanlehnung kann nur aus einer guten Rückentätigkeit des Pferdes resultieren. Aus einem irgendwie »heruntergeschraubten« Pferdekopf resultiert jedoch mitnichten ein schwingender, durchlässiger Pferderücken. Deswegen nützt es in

Das Pferd steht am äußeren Zügel. Reiterin und Pferd sind gut ausgerichtet. Die Kontrolle »am Gummiband« außen funktioniert.

Gut: Auch hier stimmen Balance und Ausrichtung. Das Pferd wird sauber am äußeren Zügel kontrolliert, die Reiterin schaut in Bewegungsrichtung.

den allermeisten Fällen nichts, dem Pferd eine »gefällige« Kopfhaltung mit Hilfszügeln aufzuzwingen. **Wenn der Rücken als Schaltstelle zwischen dem »Hinterhandmotor«, der die Energie erzeugt und dem Pferdekopf, wo die »Haupt-Lenkung« sitzt, nicht frei (losgelassen) ist, wird sich das Pferd nicht harmonisch bewegen, unbequem zu sitzen und schlecht kontrollierbar (lenkbar) sein.**

Die Hauptfehler des Reiters:

Von vorne nach hinten reiten statt von hinten nach vorne: d.h. vorne (am Kopf) lenken und begrenzen wollen, wo die Energie aus der Hinterhand des Pferdes fehlt oder in einem verspannten Pferderücken festgehalten wird.

Mit zu starrer (= langsamer, unsensibler, harter) Hand reiten. Daraus folgt: Die gummibandartige Verbindung am äußeren Zügel kann nicht aufrechterhalten werden. Oder das Pferd liegt zentnerschwer auf der Hand und lässt den Reiter seinen Kopf tragen.

Überbewertung der formalen (statischen) Haltung – mangelnde Bewertung der Bewegungsqualität und Harmonie im Pferd-Reiter-System (keine gefühlsmäßige Bewertung). Zähe oder fehlende Reaktionen des Pferdes werden nicht als das erkannt, was sie sind – nämlich der Ausdruck von Blockaden und falscher Spannung im Pferdekörper (die oft der Reiter verursacht hat). Stattdessen schimpft der Reiter auf den »sturen

Das Pferd muss sich selbst tragen, dann kann man auch den Zügel loslassen und es steht totzdem noch »am Zügel« im Sinne von »an den Hilfen«.

Wenn das Pferd richtig am Zügel steht, dehnt es sich auch an die Hand heran. Die Dehnungshaltung kann abgerufen werden, ohne dass das Pferd dem Reiter die Zügel aus der Hand reißt.

Esel«, der sich auf die Hand legt oder die Nase in die Luft streckt. Das Pferd an sich ist jedoch ein sehr sensibles Tier, dem es prinzipiell genauso unangenehm wie dem Reiter ist, wenn es gegen ihn ankämpfen muss. Die meisten Pferde nehmen dankbar jedes Angebot des Reiters zur Reduzierung von Spannung und Druck an; er muss das Angebot nur machen.

Zu viel Druck (Schraubstockeffekte)

Viele Reiter befinden sich in einem sich negativ verstärkenden Kreislauf aus Spannung – zum Teil mit Angst vermischt – und zunehmender Frustration, wenn sie mit einem »widersetzlichen« Pferd nicht weiterkommen. Sie versuchen es mit immer mehr Kraft und Druck, statt einfach einmal loszulassen und abzuwarten, was passiert.

Nun ist es so, dass das Pferd viel mehr Kraft hat als der Reiter. Es ist deswegen ein nutzloses Unterfangen, das Pferd mit Kraft »besiegen« zu wollen.

Nicht für den Zuschauer reiten, sondern für sich selbst. Seinem eigenen Gefühl vertrauen. Manchmal ist es nicht wichtig, was ein Zuschauer in bestimmten Phasen der Ausbildung meint, sondern viel wichtiger, seinem Gefühl zu vertrauen. Viele Dinge sehen von unten anders aus, als sie sich

Kriterium für »am Zügel« ist nicht »Nase unten«, sondern »Rücken oben« plus »Hinterhand aktiv«.

Ausweichmanöver des Pferdes: den Hals hochdrücken (hier bedingt durch einen zu losen äußeren Zügel).

Ausweichmanöver des Pferdes: hinter die Senkrechte kippen.

von oben anfühlen. In Unterrichtssituationen habe ich schon oft von unten gedacht »das Pferd sieht gar nicht so schlecht aus« und wenn ich mich selbst draufgesetzt habe, fühlte es sich nicht gut an.

Vielen Reitern ist es wichtig, erst einmal für Außenstehende eine gute Figur zu machen, deswegen wird das Pferd irgendwie »in Haltung getrickst«. Doch das hat mit richtiger Ausbildung und funktionell richtiger Haltung nichts zu tun und führt in eine Sackgasse – wenn nicht sofort, dann spätestens zu dem Zeitpunkt, an dem schwierige Lektionen geritten werden sollen und eine erhöhte Versammlung benötigt wird.

Keine Antwort des Pferdes abwarten – auf Antworten des Pferdes nicht entsprechend reagieren:

Viele Reiter reagieren mit blindem Aktivismus, wenn das Pferd sich ihren Bemühungen, es an den Zügel zu stellen, widersetzt. Sie überschütten das Pferd mit einer Fülle von Signalen und lassen ihm keine Zeit, zu reagieren. Sie geben zu spät nach, wenn das Pferd tatsächlich ansatzweise im Genick nachgibt. Sie hören nicht auf, mit dem Schenkel zu treiben, auch wenn die Hinterhand durchaus aktiv ist. Sie hängen dem Pferd ständig mit angespanntem Kreuz (nach hinten gekipptem Becken) im Rücken und blockieren damit seine Rückentätigkeit und ihren »Wahrnehmungssitz«. Und sie nehmen sich selbst die Möglichkeit, schnell und fein zu reagieren, weil sie sich und das Pferd unter ständiger nervöser Spannung halten.

Die Hauptausweichmanöver des Pferdes: Warum entzieht sich das Pferd dem Am-Zügel-Gehen?

Ganz offen gesagt ist in 90 % aller Fälle der Reiter (wenn auch nicht immer der derzeitige) daran Schuld, wenn das Pferd Probleme macht.

Ein junges, unverdorbenes Pferd wird sich kaum den Forderungen des Reiters entziehen, wenn er es

Innen- und Außenrotation im Arm und deren Auswirkung

■ **falsch: Innenrotation im Arm**
Die Schulter fällt nach vorn (ist »zu«). Die Ellbogen sind abgespreizt. Der Kopf hängt. Die Hand ist verdeckt.
Die Hand wird starr und unsensibel, das Becken des Reiters wird mit blockiert.

■ **richtig: Außenrotation im Arm – Schulter und Ellbogen hängen locker.**
Die Schulter ist »offen«. Die Hand steht aufrecht. Die Handgelenke sind gerade. Der Daumen liegt dachförmig auf der Faust.

■ **Verstärkung der Außenrotation:**
Aus dem locker hängenden Ellbogen den Unterarm seitwärts nach außen führen (siehe Trockentraining, Schulter aufmachen)
Die Reiterhand wird sensibel, das Becken bleibt beweglich, der Reiter kann Spannungsveränderungen im Pferd mit dem Sitz und der Hand gut wahrnehmen.

Innen- und Außenrotation im Bein und deren Auswirkung

■ **falsch: Außenrotation im Bein**
Die Sitzbasis verkleinert sich. Die Knie und die Fußspitzen drehen sich nach außen. Der Reiter klemmt den Unterschenkel ans Pferd. Die Beckenbeweglichkeit ist eingeschränkt.
Der Reiter sitzt mit zu viel Spannung, der Wahrnehmungssitz funktioniert nicht.

■ **richtig: Innenrotation im Bein durch Eindrehen des Beins aus dem Hüftgelenk.**
Die Sitzbasis vergrößert sich, der Reiter sitzt sicherer und tiefer, die Knie kommen ohne Anstrengung flach an den Sattel, die Fußspitzen zeigen parallel zum Pferd.
In dieser Haltung kann der Reiter über den Sitz die Spannungsveränderungen im Pferd schnell wahrnehmen und dementsprechend schnell reagieren.

Die Haltung ist nur fast in Ordnung: Die Pferdenase ist zwar vor der Senkrechten, jedoch verstellt sich das Pferd leicht im Genick.

richtig vorbereitet und ihm Zeit genug lässt, sich mit dem Reitergewicht auszubalancieren.

Leider werden die meisten Pferde nicht mehr langsam und schonend angeritten, sondern zu schnell oder falsch. Sie sollen möglichst schnell Leistung bringen und als Reitpferd dienen. Viele Pferdekäufer honorieren zudem eine gute Ausbildung nicht genug. Sie können weder die Qualität beurteilen, weil sie selten Gelegenheit bekommen, auf einem wirklich fein gerittenen Pferd zu sitzen, noch können sie ein solches, fein eingestelltes Pferd problemlos nachreiten, weil ihnen die feine Koordination in ihren eigenen Bewegungen und der Hilfengebung fehlt. Besonders Reiter, die »gelernt« haben, mit zu viel Einwirkung und Kraft zu reiten, müssen erst mühsam wieder umlernen: Druck reduzieren, stiller sitzen, um die Aktionen des Pferdes wieder wahrzunehmen. Andernfalls »überfahren« sie das Pferd mit einer Fülle von Hilfen, ohne eine Antwort abzuwarten. Pferde mit schlechtem

Nervenkostüm reagieren dann mit Hektik, etwas ruhigere oft damit, dass sie tun, was sie selbst für richtig halten -– und das deckt sich nicht immer mit der Intention des Reiters.

Prinzipiell gilt: Ein Pferd, welches sich dem korrekten »Am-Zügel-Gehen« in irgendeiner Form entzieht, steht weder an den Hilfen, noch ist es wirklich gut unter dem Reiter ausbalanciert, noch geht es »über den Rücken«.

Der gemeinsame Spannungsbogen (= Energiekreis) des Reiter-Pferd-Paares ist unterbrochen – Pferd und Reiter bilden keine Einheit mehr, die Kommunikation ist mehr oder weniger gestört. Diese Störung der Kommunikation reicht von fast unsichtbaren Verzögerungen einer Parade, wenn das Pferd minimal hinter dem Zügel ist, bis hin zum offenen »Gegen-die-Hand-Gehen«, wenn das Pferd deutlich sichtbar über dem Zügel ist. Insbesondere das leichte »Hinter-dem Zügel-Gehen« wird gerne als »nicht so schlimm« abgetan – nach dem Motto »Besser leicht hinter der Senkrechten als auseinander gefallen und über dem Zügel«.

»Korrekt« ist abhängig von verschiedenen Parametern

Das korrekte »Am-Zügel-Stehen« und die Stärke der Anlehnung können jedoch je nach Ausbildungsstand, Pferdetyp und Reitweise unterschiedlich aussehen. Das junge Pferd trägt den Hals und die Nase tiefer (flacher Spannungsbogen), das versammelte Pferd höher (steilerer Spannungsbogen). Das ausgebildete Westernpferd braucht nur noch das Gewicht des Zügels als Anlehnung. Das eher quadratische, barocke Pferd mit hohem Halsansatz braucht in den stark versammelten Lektionen unter Umständen etwas weniger Anlehnung als ein Rechteckpferd mit viel Vorwärtsschub.

Die Haupt-Ausweichmanöver des Pferdes :

Das Pferd tritt mit der Hinterhand nicht genügend

Innerer und äußerer Zügel müssen unabhängig voneinander eingesetzt werden.

Der innere Zügel dient nur der Stellung des Pferdes. Die innere Hand wirkt nur nach oben oder zur Seite. Der innere Zügel wird nach erfolgter Stellung des Pferdes arbeitslos (nachgeben!).
Der innere Zügel wird nie:

- auf den Oberschenkel gezogen,
- nach unten gedrückt,
- auf dem Widerrist aufgestützt,
- über den Widerrist nach außen geführt,
- nach hinten gezogen.

Der äußere Zügel ist der Kontrollzügel. Die äußere Hand hält Verbindung mit dem Pferdemaul und variiert die Festigkeit dieser Verbindung durch »Spielen« mit dem kleinen Finger; sie gibt Paraden (begrenzt die Bewegung des Pferdes nach vorne und verhindert ein Ausfallen über die äußere Schulter in der Biegung). Die äußere Hand darf etwas tiefer stehen als die innere; sie kann im Bedarfsfall auch weit nach außen geführt oder angehoben werden (ähnlich der inneren).

unter – die Hinterbeine schleppen nach oder schlurfen im Sand.
Das Pferd hält den Rücken fest oder drückt ihn aktiv nach unten weg.
»Über dem Zügel«: Es streckt die Nase in die Luft.
Eine Sonderform von »Über dem Zügel«: Das Pferd drückt den Hals aus der Schulter hoch – der Unterhals ist sichtbar (dabei kann es durchaus im Genick nachgeben und ganz gefällig aussehen, ist aber oft schlecht zu sitzen).
»Hinter dem Zügel«: Es geht mit der Nase hinter der Senkrechten. Dabei reichen die Ausprägungen von »Minimal hinter der Senkrechten« bis zum starken »Einrollen« oder »Abtauchen«.
Das Pferd kann nicht nur den Rücken festhalten, es kann auch »das Genick festhalten«. Es rastet praktisch im Genick in einer bestimmten Haltung ein; es ist damit nicht locker im Genick (gibt nicht wirklich nach) und ist deswegen auch nicht wirklich nachgiebig im Maul (kaut nicht). Das bedeutet nicht unbedingt, dass es auf der Hand liegt – aber es blockt die Einwirkung des Reiters im Bereich der oberen Halswirbel mehr oder weniger stark ab (auch das festgehaltene Genick ist ein Bruch im Spannungsbogen). Das sieht oft ganz gefällig aus, doch der Reiter hat Probleme, dem Pferd eine andere Haltung abzugewinnen. Stellung und Biegung

Bildreihe von links nach rechts
Die meisten Pferde haben mehrere Ausweichmanöver parat, wenn sie sich den Hilfen der Reiter entziehen wollen. Bei der abgebildeten Stute haben die Anlehnungsprobleme ihre Vorgeschichte in diversen Blockaden in Lende und Schulter.
links: Extremes Verwerfen – ohne dass die Reiterin dies durch Ziehen am inneren Zügel verursacht.
mitte: »Abtauchen« hinter die Senkrechte, die Zügelhilfen laufen ins Leere.
rechts: Gut: Das Pferd steht am äußeren Zügel, die Reiterin stellt mit der seitlich herausgeführten inneren Hand. Die Ausrichtung in der Wendung stimmt.

sind dabei nur schwer möglich, die Dehnungshaltung schlecht abrufbar.

Das Pferd verwirft sich im Genick: Es entzieht sich damit in ähnlicher Form wie dem »eingerasteten Genick« der korrekten Anlehnung und der Kontrolle des Reiters; nur in diesem Fall sieht man es deutlicher.

Das Pferd ist unruhig im Maul: es kaut mit offenem Maul, klappert mit den Zähnen. Auch damit entzieht es sich der korrekten Anlehnung. Das unruhige Maul ist immer Ausdruck von nervöser Spannung im Pferd und weist darauf hin, dass mit dem Spannungsbogen etwas nicht stimmt. Solche Pferde haben kein Vertrauen zur Reiterhand.

Die Hinterhand ist untergeschoben; das Pferd nimmt mit den Hinterbeinen Gewicht auf.

4 Korrekturmöglichkeiten – Was muss geändert werden?

Zuerst müssen gerade bei diesem wichtigen Punkt der Ausbildung die Prioritäten geändert werden.

Nicht die Hals- und Kopfhaltung des Pferdes ist wichtig, sondern seine gesamte Bewegung.

Im Einzelnen sind die folgenden Parameter in der angegebenen Reihenfolge zu erreichen (und hinsichtlich der Bewegungsqualität zu beurteilen):

1. Aktive Hinterhand

Treten die Hinterbeine genug vor und fußen energisch ab oder schlurfen sie im Sand?

2. Kontrollierbarer Vorwärtsdrang

Das Pferd muss von allein vorwärts gehen, so dass der Reiter nicht jeden Tritt herausquetschen muss. Der Reiter darf dem Pferd den Vorwärtsdrang nicht durch zu viel Handeinwirkung (ständiges Gegenhalten und im schlimmsten Fall Ziehen) wegreiten. Das Pferd darf dem Reiter jedoch auch nicht davonlaufen und sein Heil in der Flucht nach vorn suchen (siehe auch Tempokontrolle). Beides unterbricht den Spannungsbogen.

3. Schwingender Rücken

Nur, wenn die Schaltstelle zwischen Hinterhand und Vorhand, der Rücken des Pferdes, tatsächlich locker schwingt, kann Energie aus der Hinterhand (HH) des Pferdes vorne ankommen und dort gelenkt werden, um das Pferd zusammenzustellen, rund zu reiten.

Der Reiter muss sein Becken loslassen, um schnell und sicher die Spannungsänderungen in seinem Pferd zu erfühlen. Er muss Schultern, Arme und Handgelenk loslassen, um schnell genug auf Spannungsänderungen im Halsbereich (hinter dem Zügel, über dem Zügel) zu reagieren.

Hören Sie auf Ihr Pferd.
Erfühlen Sie Spannungsänderungen im Pferdekörper sowohl mit dem losgelassenen Wahrnehmungssitz als auch mit der sensiblen Zügelhand. Reagieren Sie entsprechend schnell und weich.

Hinterhandarbeit im Gelände: Der Isländer drückt kraftvoll ab und winkelt die Hanken sehr gut.

4. **Kontrolle der Vorwärtsbewegung durch Stellung und Biegung – Unterscheidung von innerem und äußerem Zügel** durch das Reiten in Stellung und Biegung (dies führt später zum Geraderichten, zum Reiten am äußeren Zügel und zur richtigen Nachgiebigkeit im Genick).

5. **Jetzt erst kommt die »Genickkontrolle« – das »Rund-Reiten«.**

Das gut und kontrolliert vorwärts gehende und im Rücken lockere Pferd wird leicht nach innen gestellt und dann durch **Paraden** am äußeren Zügel »aufgefangen«.

Hauptaugenmerk liegt auf der kontrollierten Vorwärtsbewegung. Weder ein rennendes noch ein schleichendes Pferd kann an den Zügel geritten werden. Dem ersten fehlt der lockere Rücken, dem zweiten die Energie aus der HH. Auch nervöse Spannung im Pferd muss beseitigt werden, um zackelnde, kurze Tritte bei festgehaltenem Rücken oder festgehaltener Schulter zu verhindern. (Dafür ist es ideal, wenn der Reiter gelernt hat, seine eigene Körperspannung bewusst zu kontrollieren und bei Bedarf zu reduzieren – siehe »Trockentraining«.)

Was muss bei der eigentlichen Parade beachtet werden?

Richtig ist es, vor einer (halben) Parade, die das Genick runden (das Pferd an den Zügel stellen) soll, nochmals die Hinterhand zu aktivieren – also zu treiben.

Um das Pferd nicht über Gebühr einzuspannen (den Schraubstockeffekt zu vermeiden) sollten die treibenden und verhaltenden Hilfen (Paraden) leicht zeitversetzt gegeben werden. Es geht bei dieser zeitlichen Reihenfolge nur um Bruchteile von Sekunden; eine direkte Gleichzeitigkeit aller Teilhilfen ist jedoch zu vermeiden.

1. Zuerst die Hinterhand aktivieren,
2. dann das Pferd mit dem seitwärts wirkenden inneren Zügel etwas nach innen stellen (das kann bei fortgeschrittenen Pferden entfallen, wenn sie schon gut am äußeren Zügel stehen),
3. dann je nach Bedarf das Kreuz einsetzen (= Beckenkamm nach hinten kippen),
4. dann eine Parade am äußeren Zügel geben,
5. danach sofort den Druck am Zügel und die Kreuzeinwirkung zurücknehmen – auch wenn das Pferd noch nicht nachgegeben hat.

Gegebenenfalls die Schritte 1–5 mehrfach wiederholen, bis das Pferd im Genick nachgibt.

Nachgeben, nachgeben, nachgeben!

Wichtig ist vor allem Punkt 5. Versuchen Sie, möglichst schnell immer wieder den Druck zu reduzieren und die Hilfensequenz neu zu geben, ohne sich festzuziehen. Unter Umständen können Sie die Art der Paraden etwas in Stärke und Ausrichtung variieren – die äußere Hand mal tiefer, mal höher stel-

len; etwas breiter führen (insbesondere bei jungen Pferden); etwas im Handgelenk und in den Fingern vibrieren ...
Sie können auch die Stellung des Pferdes wechseln und es mit kurzfristiger Außenstellung versuchen. Dabei dürfen Sie nicht in »Automatismen« verfallen, die schließlich in einer Art Riegeln enden, sondern müssen immer mit lockerer, »wahrnehmender« Hand schnell und weich auf Aktionen des Pferdes reagieren. Es gibt Fälle, da dürfen Sie auch kurzfristig einmal stärker und länger gegenhalten. Verpassen Sie dann jedoch auf keinen Fall den Punkt, an dem das Pferd nachgibt!
Hat das Pferd im Genick nachgegeben, so müssen Sie **sofort** den Druck am Zügel reduzieren. Halten Sie weiter gegen, so wird das Pferd nichts Positives daraus lernen; im schlimmsten Fall legt es sich auf die Hand und kippt hinter die Senkrechte.
(Für diese Art der Arbeit bietet sich das Reiten auf dem Zirkel an, weil das Pferd dort immer leicht gestellt ist und somit der äußere Zügel deutlich vom inneren getrennt werden kann.)

Auch beim Sitz des Reiters kann einiges geändert werden, um zum richtigen Zeitpunkt Spannung aus dem gesamten System herauszunehmen und ein Festklemmen oder Festziehen zu verhindern.

Wichtig ist vor allem, zwischen dem Aktionssitz und dem Wahrnehmungssitz hin und her zu schalten.
Eine bewusste Rückkehr in den **Wahrnehmungssitz** mit lockeren Gelenken und entspannter Mittelstellung des Beckens nimmt unnötige und zu lang andauernde Spannung aus dem Reitersitz.

Der Wahrnehmungssitz ist zudem Voraussetzung für die lockere, sensible, schnelle (unabhängige) Hand. Nur mit einer solchen unabhängigen Hand ist es möglich, die innere und die äußere Hand unabhängig voneinander (und natürlich unabhängig vom Sitz) zu bewegen.

In Verbindung bleiben

Nur die Trennung der Aktionen von innerer und äußerer Hand ermöglicht es, eine gummibandartige Verbindung mit dem Pferdemaul herzustellen. Wie beim Klavierspielen tut die eine Hand etwas anderes als die andere.
Die lockere, unabhängige Hand ist von vielen Faktoren abhängig – insbesondere steht sie mit allen anderen Körperteilen des Reiters in Beziehung.

Ein festgehaltenes Becken, eine hochgezogene Schulter, ein angeklemmtes Knie, ein hochgezogener Absatz wirken sich immer auch negativ auf die Sensibilität und Wahrnehmungsfähigkeit der Hand aus. Jedes Gelenk, das im Reiterkörper blockiert ist und nicht federt, hat Auswirkungen auf die Hand.

Hängender Ellbogen und getragene Hand gewährleisten eine lockere Schulter.

Es geht nicht vorrangig darum, am Pferd herumzukorrigieren, sondern in erster Linie darum, sich selbst als Reiter »in Ordnung zu bringen«.

Zu viel Spannung führt dazu, dass die Feinmotorik der Kraftentfaltung zum Opfer fällt.

Deswegen ist es so wichtig, Spannungen im Körper zu erkennen und bewusst auszuschalten.

Für das Erkennen der Spannung, insbesondere im Oberkörper des Reiters, bieten sich verschiedene Übungen der progressiven Muskelentspannung an. Spannen Sie z.B. den ganzen rechten Arm an, und ballen Sie die Hand zur Faust. Vergegenwärtigen Sie sich, wo überall in diesem Moment in Ihrem Körper Muskeln angespannt sind.
Spüren Sie, wie Ihre ganze rechte Seite hart und unbeweglich wird?
Bis hin zum Brustmuskel greift die Spannung. Versuchen Sie nun, eine feine, schnelle Bewegung mit dem Arm oder der Hand auszuführen. Keine Chance – nicht wahr?

Der Reiter muss sein Becken loslassen, um schnell und sicher die Spannungsänderungen im Körper des Pferdes zu erfühlen.
Er muss Schultern, Arme und Handgelenk loslassen, um schnell genug auf Spannungsänderungen im Halsbereich (hinter dem Zügel, über dem Zügel) zu reagieren.

Harmonisches Reiten bedeutet, das Pferd zu kontrollieren, ohne zu klemmen oder am Zügel zu ziehen.

Nehmen Sie jetzt die Spannung aus dem Arm. Beginnen Sie einmal mit dem Öffnen der Hand: Merken Sie, wie die Schulter die Spannung hält, auch wenn die Hand schon offen ist?
Beginnen Sie dann mit dem Entspannen der Schulter: Spüren Sie, wie die Hand sich mit öffnet, wenn die Schulter entspannt wird?
Die Muskeln im Arm sind miteinander verkettet (der Brustmuskel einbezogen). Die Spannung lässt sich jedoch von der einen Seite (aus der Schulter) etwas leichter lösen als von der anderen.

Was folgt für den Reiter daraus?
Eine sensible, unabhängige Hand erfordert eine lockere Schulter!
Eine lockere Schulter erfordert wiederum einen lockeren, schwingenden Beckenbereich.
Probieren Sie es aus: Halten Sie Ihr Becken in einer gekippten Stellung fest (mit Hohlkreuz oder gerader Wirbelsäulenstellung) und schauen Sie, wie die Schulter reagiert. Merken Sie, dass auch Schulter und Becken sich gegenseitig beeinflussen?

So ist das im gesamten Körper des Reiters: Jedes Körperteil wird von jedem anderen über verkettete Muskeln beeinflusst. Zudem müssen auch noch die Bewegungen des Pferderückens im Gesamtsystem Pferd+Reiter einbezogen und ausgeglichen werden. Schaltstelle bildet der Beckenbereich, der in direkter Verbindung mit dem Pferderücken steht. Er muss praktisch alles ausgleichen, was an Bewegungsimpulsen sowohl vom Pferd als auch von Ober- und Unterkörper des Reiters kommt. **(Das Becken ist die wichtigste Schaltstelle im System Reiter+Pferd.)**

Dieses Pferd zeigt die maximal mögliche Halslänge in der Dehnungshaltung. Prinzipiell ist es gut, wenn die Dehnungshaltung abgerufen werden kann. Das obige Pferd forderte sie jedoch öfter vehement und riss der Reiterin die Zügel aus der Hand, um danach sofort wieder den Kopf hochzureißen. Solche Ungezogenheiten müssen mit einem kurzen, schnellen Zumachen der Hand unterbunden werden.

Je mehr der Pferderücken wirft (Schwung oder Verspannung) und je eher der Reiter irgendwo klemmt, desto schwerer hat es der Beckenbereich, die so genannte Mittelpositur, alle Impulse aufzunehmen und auszugleichen.

Deswegen ist es so wichtig, die Spannung aus dem System bewusst herausnehmen zu können. Da das Pferd auf die Spannung im Reiterkörper reagiert, ist es immer Sache des Reiters, die Spannung zu reduzieren. Er kann nicht vom Pferd erwarten, nachzugeben, wenn er selbst dauernd unter Spannung steht.

Das gilt insbesondere für das »An-den-Zügel-Reiten«: Verringert der Reiter nicht durch Nachgeben zum richtigen Zeitpunkt den Druck auf das Pferd, so bleibt das Gesamtsystem unter Spannung – das Pferd legt sich auf den Zügel, es drückt dagegen; es hält Rücken oder Genick fest ...

Kann der Reiter nicht bei sich selbst mit der Spannungsreduzierung beginnen, so geschieht das Gleiche. Das Pferd gibt nicht nach und Reiter und Pferd arbeiten bei Paraden und beim »An-den-Zügel-Stellen« gegeneinander.

Das führt zu einer immer weiter anwachsenden Spirale aus Kraftentfaltung. Pferd und Reiter bekommen immer mehr Kondition und setzen sie immer mehr dazu ein, sich gegenseitig das Leben schwer zu machen.

Die Ausnahme von der Regel

Manchmal kann es allerdings **kurzfristig** durchaus sinnvoll sein, mit Kraft gegenzuhalten, um einem unerzogenen oder verrittenen Pferd seine Grenzen zu zeigen.

Es gibt Pferde, die einem z.B. vehement die Zügel aus der Hand reißen, wenn man nicht an einer bestimmten Stelle die Hand einfach zumacht. Durch das »Zumachen« holt sich das Pferd eine Art Arrêt selber ab. Passives »Hand-Zumachen« und eine Aktion des Pferdes dadurch verhindern und aktiv »Nach-hinten-Ziehen« sind zwei ganz unterschiedliche Handlungen. Diesen Unterschied muss man kennen und sich immer wieder ins Bewusstsein rufen.

Eine längerfristige Einwirkung mit Kraft blockiert jedoch sämtliche Rezeptoren für die Signale des Pferdes und macht den Reiter taub und blind für alles, was das Pferd ihm mitteilen will und auch taub und blind für die Vorgänge im eigenen Körper. Langfristig gilt immer der Satz: Druck erzeugt Gegendruck – man könnte es auch abwandeln: Spannung erzeugt nur immer wieder Spannung.

Einwirkung mit Kraft macht den Reiter taub und blind für alle feineren Signale und »Antworten« des Pferdes.

Spannung ohne Entspannung führt zu Verspannung. Und Verspannungen im Reiterkörper führen zu Verspannungen im Pferdekörper.

Oder im positiven Sinne: Ein losgelassener Reiter bringt sein Pferd dazu, losgelassen zu gehen. (Das Pferd spiegelt den Reiter.)

Gerittene Lektionen:

Häufiges Wechseln von Stellung und Biegung mit jeweiliger Kontrolle am äußeren Zügel.

Schulterherein, um die Kontrolle am äußeren Zügel zu festigen (siehe Kapitel Biegung).

Häufiges Abfragen der Dehnungshaltung, um das Genick beweglich zu halten und das Einrasten zu verhindern.

Häufige Tempo- und Gangartenwechsel.

Schulterherein ist eine gute Kontrollübung für Reiter und Pferd.

Leichttraben, falls das Pferd den Rücken noch nicht genug loslässt.

Gangartenwechsel Leichttraben-Galopp, wobei der Galopp sowohl im Vollsitz als auch im leichten Sitz geritten werden kann. Es kommt darauf an, wie das Pferd besser zu kontrollieren ist und wie der Reiter sitzen kann.

Im Endeffekt ist es besser, die Galopp-Trab-Reprisen im leichten Sitz (unter Zuhilfenahme der Stimme) zu reiten, als dass der Reiter das Pferd ständig im Rücken und im Maul stört, weil er versucht auszusitzen und dabei sich selbst verkrampft und deswegen auch nicht mehr gezielt und weich einwirken kann.

Fallstudien zum Thema Zügelanlehnung:

Annette und Estrellina

Eine konstante Anlehnung ist sehr schwer zu erreichen, weil die Stute im Lenden- und Schulterbereich starke Blockaden aufweist. Es ist keine Oberhalslinie aufgebaut, der Unterhals wird häufig herausgedrückt.

Das Pferd tritt immer wieder hinten oder vorn kurz und hält den Rücken oder die Sdchulter fest.

Im Galopp rennt die Stute und drückt den Rücken weg.

Ruhig Stehenbleiben ist überhaupt nicht ihr Ding – und schon gar nicht mit Zügelanlehnung.

Das Trainingskonzept:

- Viel Leichttraben, anfangs kein Galopp – solange der Trab nicht in Ordnung und kontrollierbar ist.
- Paraden aus dem Leichttraben zum Halten.
- Schenkelweichen, um den Schenkelgehorsam zu verbessern.
- Schulterherein, um das innere Hinterbein zum Lastaufnehmen zu animieren

oben: Das Verwerfen im Genick ist eins der Hauptprobleme von Estrellina – bedingt durch Rücken- und Schulterblockaden. Die Reiterin muss sich bemühen, sehr sensiblen Kontakt am äußeren Zügel zu halten. Mitte: Jetzt ist der Schritt deutlich besser. unten: Korrektur im Schulterherein: Das Pferd lernt, den äußeren Zügel als Kontrollzügel anzunehmen und sich unter der Reiterin auszurichten.

- Kontrolliertes, langsames (Tritt-für-Tritt-) Rückwärtsrichten mit dem vibrierenden Schenkel (= »beweg' die Beine« – siehe Hilfenvokabular)
- Antraben aus dem Halten oder aus dem Rückwärtsrichten.
- Aktivierung der Hinterhand beim Anreiten – die Halshaltung ist anfangs beim Anreiten zweitrangig (siehe auch Resensibilisierung)!

Wichtig ist das Antreten vom Fleck weg – erst danach wird die Haltung korrigiert – auf keinen Fall darf das Antreten mit der Hand behindert werden!

Carolin und Rhino

Das Pferd hat hervorragende Grundgangarten, ist jedoch nicht immer kooperativ. Es büfffelt gegen die Hand, rennt der Kontrolle davon und respektiert die Reiterin nicht genug. Es schwankt zwischen über dem Zügel und hinter dem Zügel. Manchmal rastet es auch im Genick ein. Insbesondere im Galopp legt es sich extrem auf den Zügel und lässt keine Tempokontrolle zu.

Grundproblem war ein ständiges Hochdrücken des Halses (über dem Zügel), was recht schnell durch die hohe und vorn eingesetzte innere Hand behoben wurde.

Das Pferd mogelt sich jetzt ständig nach verschiedenen Richtungen aus der Haltung heraus, wenn die Reiterin nicht aufpasst. Es legt sich auf die Hand, geht gegen die Hand oder minimal über dem Zügel.

oben: Rhino hat hervorragende Grundgangarten und keine Gebäudeschwierigkeiten; es fehlt ihm jedoch an Respekt vor der Reiterin. Auf diesem Bild legt er sich etwas auf die Hand. Die Reiterin ist noch gut ausgerichtet, müsste jetzt aber mit kurzen Paraden verhindern, dass das Pferd sich auf ihrer Hand abstützt.
Mitte: ein ständiger Wechsel zwischen Dehnung und Zusammenstellen hält das Genick beweglich. Hier ist eine vorbildliche Dehnungshaltung zu sehen.
unten: Zulegen im Leichttraben und Einfangen des Tempos mit Aussitzen halten sowohl das Pferd aufmerksam als auch das Becken der Reiterin beweglich.

Das Trainingskonzept

- Das Pferd muss mit vielen halben Paraden und vielen konzentrationsintensiven Lektionen aufmerksam gehalten werden: Schulterherein, viele Gangarten- und Tempounterschiede, häufiges Anhalten und wieder Anreiten (siehe Feinkontrolle).
- Ein häufiger Wechsel in der Haltung zwischen Dehnung und Zusammenstellen hält das Genick beweglich. Rhino muss sich ständig unter Kontrolle fühlen, ohne dass die Reiterin sich dabei verspannt (hier ist der gute Wahrnehmungssitz unerlässlich).
- Im Galopp muss die Reiterin besonders darauf achten, dass der Kopf des Pferdes immer oben bleibt – zur Not mit harten, kurzen Aufwärtsparaden. Beißt sich das Pferd in die Brust, hat die Reiterin keine Kontrolle mehr – das Pferd rennt ihr davon.
- Beim Schulterherein muss auf Exaktheit und Tritt-für-Tritt-Ausführung geachtet werden, so dass sich das Pferd weder umstellt noch sich dem Lastaufnehmen mit der Hinterhand entzieht.
- In Wendungen kippt das Pferd oft über die Schulter nach innen. Es geht dann in Außenstellung. In diesem Fall ist es wichtig, mit weit auseinander stehenden Händen zu reiten (breite Führung). Die weit nach außen genommene äußere Hand verhindert, dass das Pferd nach innen läuft. Die weit nach innen gestellte innere Hand verhin-

oben: Fanny nimmt diese Haltung mit umgekehrtem Spannungsbogen und durchfallendem Rücken ein, wenn man nichts dagegen tut. Michaela neigt dazu, den Beckenkamm dauernd nach hinten zu kippen und mit dem Unterschenkel zu klemmen. Das blockiert zusätzlich den Rücken des Pferdes.
Mitte: Sehr gutes Vortreten der Hinterbeine. Der Rücken ist oben, die Nasenlinie jedoch noch nicht ideal vor der Senkrechten.
unten: das Longieren ohne Hilfszügel zeigt das Problem des durchfallenden Rückens deutlich. Diese Stute ist ein Fall für den »Rückentrainer«.

dert, dass sich das Pferd nach außen umstellt. Eine Verlagerung des Reitergewichts auf den äußeren Gesäßknochen kann diese Aktionen unterstützen. Die Reiterin darf nicht zulassen, dass sich das Pferd nach außen umstellt, um eine Bahnfigur zu erhalten! Damit wird das Kippen über die innere Schulter nur schlimmer.

Michaela und Fanny

Das Pferd wird häufig zu eng im Hals, der Rücken fällt stark durch. Die Hinterhand tritt oft nicht genug vor, obwohl Fanny eine extrem gute »Hinterhandmechanik« zeigt, wenn der Rücken oben ist. Eine konstante Anlehnung vor der Senkrechten ist schwer zu erhalten. Das Pferd reißt der Reiterin die Zügel aus der Hand, wenn sie versucht, den Zügeldruck zu verringern. Es fordert vehement die Streckung, um die gewonnene Halsfreiheit danach zum Hochreißen des Kopfes und Herausdrücken des Unterhalses zu benutzen.

Das Trainingskonzept

- Das Pferd muss immer wieder zum Verlängern des Halses aufgefordert werden. Das ist jedoch nicht einfach, weil die Stute ab einer gewissen Dehnung anfängt, der Reiterin die Zügel aus der Hand zu reißen.
- Hier geht es darum, den Moment abzupassen, in dem das Pferd sich der Zügeleinwirkung durch

rechts: Fanny im ausbalancierten Galopp – der Rücken ist oben, der Hals getragen. Der Sitz richtet sich nach der Vorgabe »Bitte nicht stören«.
(Zwischen diesem Bild und dem Bild unten an der Longe liegen nur zwei Wochen.)

einen Ruck nach unten entziehen will und in diesem Moment ganz kurz die Hand fest zuzumachen. Das Pferd gibt sich in diesem Moment selbst ein Arrêt. Die Hand darf jedoch nicht aktiv zurückziehen, sondern muss nur verhindern, dass das Pferd sich der Zügeleinwirkung durch Reißen nach unten entzieht, der Reiterin praktisch die »Hand nimmt«. Ein kontrolliertes Dehnen nach unten muss jedoch zugelassen werden. Das Pferd merkt schnell, wann es sich selbst wehtut und wann es sich dehnen darf und wird sich mit der Zeit daran gewöhnen, sich »zivilisiert« zu dehnen.

■ Bei Fanny gab es noch ein Zusatzproblem. Sie riss den Zügel nach unten und sofort im Anschluss den Kopf und Hals wieder hoch, so dass sich der Spannungsbogen umkehrte und alle vorigen Bemühungen, das Pferd über den Rücken zu reiten, vergebens waren.

■ Insbesondere bei solchen Unarten des Pferdes ist es extrem wichtig, sehr sensibel wahrzunehmen und vor allem **schnell** mit der Hand reagieren zu können. Andernfalls ist das Pferd dem Reiter immer »eine Nasenspitze voraus« und trickst ihn aus.

■ Die Kunst liegt hier in der rechtzeitigen Reaktion der Hand: bei Bedarf schnell den Druck reduzieren, damit das Pferd durch Druckreduzierung/Nachgeben belohnt werden kann, wenn es an die Hand herantritt. Aber auch schnell »dicht machen«, wenn es zum »Zügel-aus-der-Hand-Reißen« ansetzt.

■ Natürlich war das Hauptproblem nicht die Anlehnung, sondern der durchfallende Rücken und das Kurztreten mit den Hinterbeinen. Deswegen musste vor der Korrektur mit dem Zügel die Korrektur der Hinterhand und der Lendenpartie erfolgen.

Man kann davon ausgehen, dass Anlehnungsprobleme fast immer aus Rückenproblemen und mangelnder Aktivität der Hinterhand entstehen.

■ Für eine effektive Korrektur musste nun die Reiterin stiller sitzen, um ein Zurückbleiben der Hinterhand (Kurztreten) rechtzeitig zu erspüren und weniger mit dem Schenkel einwirken (Michaela neigt dazu, die Schenkel dauernd anzulegen – eine moderate Form des Klemmens. Deswegen federten die Gelenke nicht nach unten und der Sitz (Hüfte und Becken) wurde zu steif – kein Wahrnehmungssitz, kein weiches Eingehen in die Bewegung. Sie hat aus diesem Grund auch Probleme mit dem Aussitzen).

Bei Fanny geht es vor allem darum, den Rücken anzuheben. Dazu muss Michaela erst die Hinterhand zum Vortreten animieren und dann erst den Spannungsbogen vorne durch Paraden »nach oben spannen«.

Kam die Aufforderung der Hinterhand zum Vortreten zu spät, so kehrte das Pferd den Spannungsbogen um: Nase in die Luft, Unterhals herausgedrückt, Rücken nach unten weggedrückt, Hinterhand nach hinten herausgestellt. In dieser Haltung kann der äußere Zügel nicht mehr wirken. Das Pferd ist »bretthart« und wehrt sich gegen jede Handeinwirkung. Es muss nun erst wieder nach innen gestellt werden, so dass es überhaupt einen äußeren Zügel gibt. Eine breitere Zügel-Führung kann dabei helfen. Das innere Hinterbein muss mit der Gerte zum Untersetzen animiert werden, dann kann der äußere Zügel begrenzend wirken.

■ Ist die Reiterin in der Lage, das Zurückbleiben vor allem des inneren Hinterbeines im Ansatz zu spüren, wenn sie aufgerichtet und mit minimaler Spannung sitzt, dann kann sie beides – das Kurztreten des Hinterbeines und auch das Hochdrücken des Halses – im Ansatz verhindern (am besten, indem sie dem Hinterbein einen kurzen Schlag mit der Gerte versetzt, oft hilft auch eine Stimmhilfe). Kommt die Einwirkung zu spät, so hat sich das Pferd völlig ihrer Kontrolle entzogen, bevor sie reagiert hat und sie muss komplett neu über die Stellung und Biegung mit der Korrektur beginnen.
Bei Pferden, die sich recht ungezogen und vehement dem Zügel entziehen wollen, ist es auch durchaus erlaubt, einmal etwas härter einzuwirken. Wichtig ist jedoch, dass diese härtere Einwirkung sehr kurz ist. Es gilt: Ein kurzes hartes Signal mit der Bedeutung »Lass' das sein« erspart oft ein längerfristiges Ziehen und Zerren.

Der Reiter muss dem Pferd immer sofort nach einer kleinen oder größeren Auseinandersetzung ein **Friedensangebot** machen, indem er nachgibt. Nimmt das Pferd an, so ist alles klar. Nimmt es nicht an und kämpft weiter, so muss der Reiter sehen, dass er mit List und Tücke seine Forderungen durchsetzt, ohne das Pferd völlig gegen sich aufzubringen oder es nervlich aus der Fassung zu bringen.

Passiver Widerstand

■ Der Weg dorthin liegt fast immer in einer Reduzierung der Aktionen und Signale seitens des Reiters – **in einer Art passivem Widerstand: das Pferd nicht aktiv für etwas bestrafen, sondern passiv verhindern, dass es etwas Unerwünschtes tut.**

1 Lektion · Ziel

Über den Rücken reiten

rund reiten, ungebrochener Spannungsbogen, Dehnungshaltung, den Rücken tragfähig machen

2 Was ist damit gemeint?

Ein Pferd richtig »an den Zügel« reiten und das Pferd »über den Rücken« reiten sind zwei Aspekte der gleichen Handlung. Das eine geht ohne das andere nicht. Beides erfordert einen ungebrochenen Spannungsbogen des Pferdes und – noch weitergehend – einen ungehinderten Energiefluss im gesamten Reiter-Pferd-System. Wichtig ist dabei, **dass der Rücken des Pferdes nach oben ge-**

Eine kurze härtere Einwirkung erspart oft ein langfristiges Gewürge und Gezerre.

Der Reiter sollte im Ansatz verhindern, dass das Pferd etwas Unerwünschtes tut – dann kann er Strafen vermeiden. Dazu ist der Wahrnehmungssitz unumgänglich.

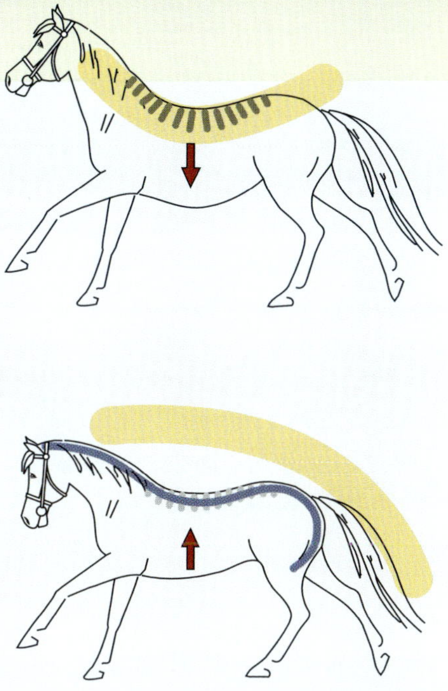

oben: Das Pferd lässt den Rücken durchfallen. Es hat einen »Hängebauch«, weil die Bauchmuskeln nicht arbeiten; der Rücken ist nicht tragfähig – das Pferd lässt den Reiter nicht sitzen.
unten: Der Rücken ist oben – das Pferd geht über den Rücken. Die Bauchmuskeln ziehen die Hinterbeine nach vorne, das Nackenrückenband wird gespannt, der Rücken damit tragfähig; der Reiter kann sitzen.

Ein richtig gerittenes Schulterherein bringt den Rücken des Pferdes nach oben.

wölbt wird, so dass er eine tragfähige Brücke bildet, die nicht unter dem Gewicht des Reiters durchhängt.

Sowohl das versammelte, »zusammengestellte« Pferd als auch das Pferd in der Dehnungshaltung (vorwärts-abwärts) muss »über den Rücken« gehen. Der Begriff »rund reiten« ist ein anderer Ausdruck für »über den Rücken«.

Ein Bruch im Spannungsbogen bzw. blockierte Energie (Verspannung oder zu lang anhaltender Druck bei der Hilfengebung) im Gesamtsystem wirkt sich in jedem Fall negativ auf die Zügelanlehnung aus.

Ein Pferd mit festgehaltenem oder durchfallendem Rücken steht nicht am Zügel (auch wenn es auf den ersten Blick manchmal so aussehen kann). Ein Pferd, welches den Zügel nicht annimmt, unterbricht seinen Spannungsbogen – und diese Unterbrechung (gleichgültig, ob in Genick, Hals oder Rücken) wirkt sich immer auch auf die Tragkraft des Rückens aus.

»Über den Rücken reiten« heißt im Einzelnen:
Der Rücken des Pferdes muss nach oben kommen. Die Hinterhand muss aktiv vortreten. Die Bauchmuskeln des Pferdes arbeiten. Durch ihre Kontraktion ziehen sie zum einen die Hinterbeine nach vorn, zum anderen spannen sie das Nackenrückenband und machen damit den Rücken trag-

Ein richtig über den Rücken gerittenes Pferd wird in die Lage versetzt, das Reitergewicht schadensfrei zu tragen.

fähig. Allerdings nur dann, wenn das Pferd mit gedehntem Hals an den begrenzenden Zügel herantritt.

Der Spannungsbogen muss ungebrochen sein. Dazu muss die Nase des Pferdes in jeder Bewegungsphase **vor der Senkrechten** sein.

Die Energie im Gesamtsystem Reiter+Pferd (insbesondere an den Schaltstellen) muss ungehindert fließen.

Ein richtig über den Rücken trabendes Pferd lässt den Reiter bequem sitzen, geht von allein vorwärts und fühlt sich an, als ob man den Schwung zu jedem beliebigen Zeitpunkt ohne Kraftaufwand mehr nach oben (Versammlung) oder mehr nach vorn (Verstärkungen) richten kann. Auch das prompte Anhalten aus jeder Gangart muss möglich sein.

Ein richtig über den Rücken galoppierendes (durchspringendes) Pferd zieht den Reiter praktisch tief in den Sattel hinein – die Beine werden von allein lang, die Fußgelenke federn ohne besonderes Zutun nach unten.

3 Missverständnisse und Diskussionsbedarf

Beim Thema »Über-den-Rücken-Reiten« lassen sich prinzipiell die gleichen Grundsätze und Beurteilungskriterien anwenden wie beim Thema »An-den-Zügel-Reiten«.

Zu den Hauptmissverständnissen zählt wohl die Ansicht, dass ein Pferd, welches eine »runde« Oberlinie aufweist und sich dabei einrollt und in die Brust beißt, auch zwingendermaßen den Rücken aufwölben würde. Mag sein, dass eine moderate »Rollkur« bei manchen Pferden zu kurzfristigen, rein optischen »Verbesserungen« führt; langfristig gesehen führt sie immer in eine Sackgasse, weil sie den korrekten Spannungsbogen unterbricht und bewegungsphysiologisch unsinnig ist. Das hinter dem Zügel gehende Pferd findet immer ein »Schlupfloch«, sich der prompten Reaktion auf die Hilfen, insbesondere bei Paraden, zu entziehen.

Lieber länger vorwärts-abwärts mit leichter Zügelanlehnung leicht traben als seinen eigenen und den Pferderücken mit verfrühtem und falschem Zusammenstellen und Aussitzen quälen.

Auch hier sollte sich der Reiter auf sein Gefühl

Fallstudie Britta und Vicky
Das Pferd ging zu Beginn der Arbeit nicht mehr vorwärts; es drückte gegen die Hand und machte die Schulter und den Rücken fest; der Hals wirkte kurz, weil zu viel »von vorn nach hinten« geritten wurde.
Das Trainingskonzept: *Das Pferd wurde mit sehr viel weniger Zügelanlehnung häufig in Dehnungshaltung geritten, viel leicht getrabt und mit vielen Paraden aus dem Leichttraben zum Halten und erneutem Antraben resensibilisiert (siehe dort) und auf die Hinterhand gesetzt.*

links
oben: Das Pferd mit längerem Hals reiten und leichttraben. Auf diesem Bild sieht man, dass das Pferd durchaus keinen zu kurzen Hals hat. Die Oberlinie ist sehr schön gedehnt, der Hals wölbt sich frei aus der Schulter heraus, die Reiterin trabt in guter Haltung leicht.

unten: geschlossenes Halten. Die Reiterin hat im Halten noch etwas zu viel Spannung im Sitz, das Kreuz ist leicht angezogen.

rechts
oben: Die Reiterin hat zu viel Spannung im Zügel. Das Pferd geht gegen die Hand, sperrt das Maul auf und macht die Schulter fest. Die Energie aus der Hinterhand reicht nicht aus.

Mitte: Das Pferd drückt den Hals nach oben, die Reiterin die Hand nach unten. Beide ziehen gegeneinander – ein sehr gängiger Fehler.

unten: Das Pferd trägt sich selbst – der Rücken ist oben, die Reiterin sitzt gut ausbalanciert.

besinnen und die Haltung des Pferdes nicht optisch für den Zuschauer in Ordnung bringen, sondern gefühlsmäßig bewerten. Und alles, was mit der Zeit immer mehr Druck und Aufwand erfordert und nicht zu mehr Leichtheit, schnellerer Reaktion des Pferdes auf die Hilfen und einem besseren, angeneh-meren Gefühl bei Sitz und Einwirkung führt, ist abzulehnen.

Die Hauptfehler des Reiters

Der Reiter will den Spannungsbogen vorne spannen, ohne Energie aus der Hinterhand zur Verfü-

1–3 Ausweichmanöver des Pferdes durch Unterbrechung des Spannungsbogens im Hals.
4+5 Korrekte losgelassene Haltung

gung zu haben (von vorn nach hinten reiten – Umkehrung der Prioritäten).

Er spannt das Pferd zu stark ein (vorne halten, hinten mit den Sporen stochern = Schraubstockeffekt).

Er treibt beständig mit Schenkel und/oder Sporen (Abstumpfungseffekt).

Er lässt Unterbrechungen des Spannungsbogens zu bzw. führt sie aktiv herbei indem er:

A die Hinterhand nicht genug aktiviert,

B das Pferd »auf den Kopf stellt« (hinter die Senkrechte zieht),

C den Pferderücken nicht nach oben und zum Schwingen bringt (keine Losgelassenheit erreicht),

Er macht zu viel »Action« und vergisst, in den Wahrnehmungssitz zurückzukehren und die Reaktionen des Pferdes abzuwarten und zu bewerten.

Die Hauptausweichmanöver des Pferdes

Das Pferd lässt keine konstante Zügelverbindung zu: es entzieht sich nach hinten (überrollen, Nase hinter der Senkrechten), nach oben (Nase in die Luft, über dem Zügel, Hals hochdrücken) oder durch Verwerfen im Genick mit »Schlangenlinien im Hals«

Damit unterbricht es sowohl seinen eigenen Spannungsbogen als auch den Energiekreis Reiter+Pferd. Beliebte »Sollbruchstellen« liegen im Genick, im 2. oder 3. Halswirbel, hinter dem Widerrist oder im Lendenbereich (Kreuzdarmbeingelenk). Ein beliebtes Ausweichmanöver mancher Pferde ist auch das »Vortäuschen der Dehnungshaltung«; das Pferd lässt den Hals aus dem Widerrist heraus einfach nach unten hängen. Es geht »ohne Haltung«. Dabei ist die Nase zwar durchaus vor der Senk-

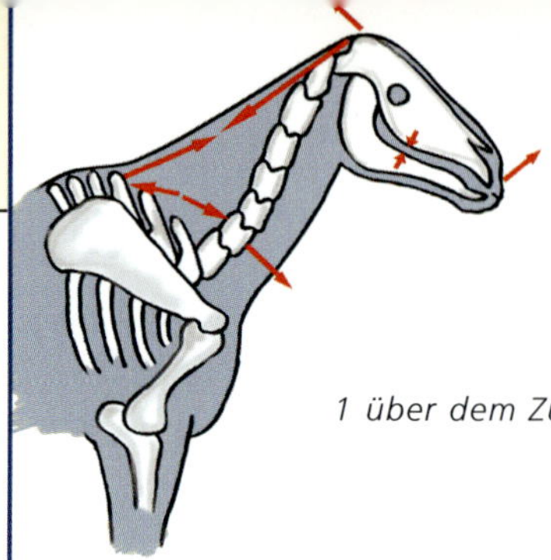

1 über dem Zügel

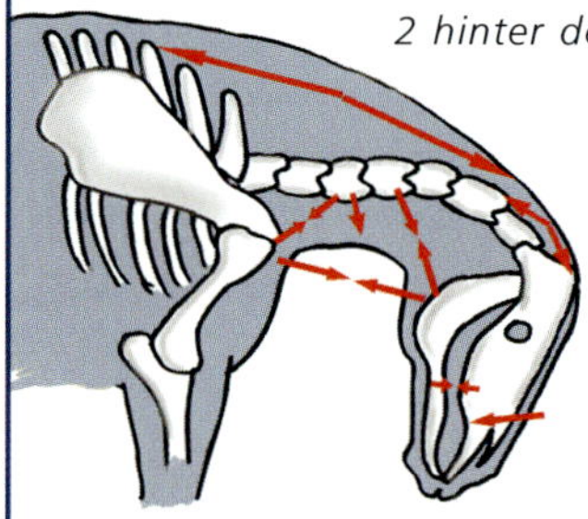

2 hinter dem Zügel

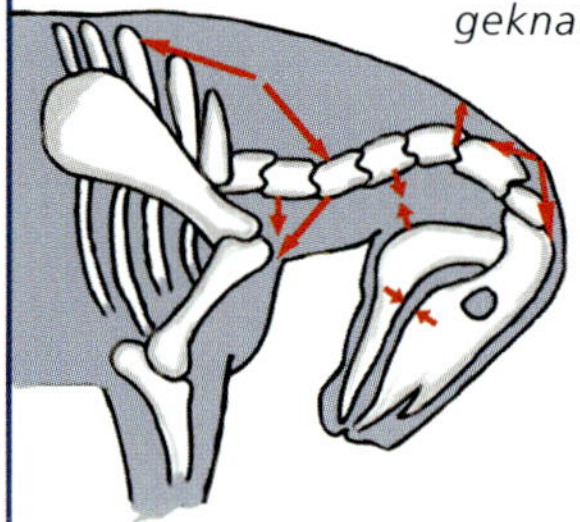

3 extrem hinter dem Zügel mit zusammengeknautschtem Hals

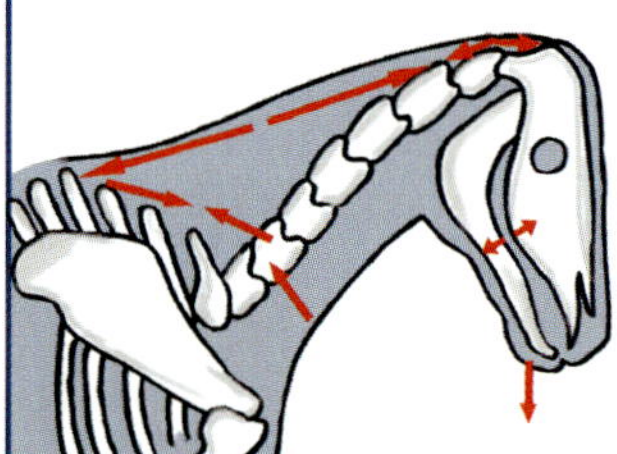

korrekte Haltung

4 am Zügel

5 in Dehnungshaltung

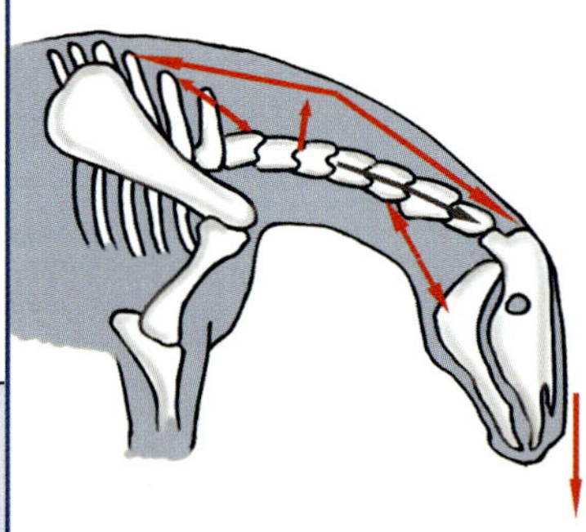

Eine kontrollierte Haltung an der Longe hilft bei Rückenschwierigkeiten (hier mit dem Rückentrainer).

rechten, es fehlen jedoch die aktive Hinterhand und die gedehnte Oberhalslinie (manchmal sieht man sogar den Unterhals hervortreten). Das Nackenrückenband ist nicht gespannt und der Rücken hängt mehr oder weniger stark durch.

Unerfahrene Reiter verwechseln dieses »Sich-hängen-Lassen« manchmal mit der Dehnungshaltung. Besonders unangenehm und schwer zu korrigieren für den Reiter ist ein kurzes Schnicken des Pferdes nach oben oder hinten, um sich aus der Anlehnung zu mogeln.

Pferde, die nicht mehr von sich aus vorwärts gehen, haben damit ein Ausweichmanöver zur Verfügung, mit dem sie ihren Reiter zur Verzweiflung bringen können. Denn wo keine Aktivität aus der Hinterhand vorhanden ist, kann kein Spannungsbogen hergestellt werden.

Dass der Reiter im Allgemeinen am fehlenden Vorwärtsdrang des Pferdes schuld ist, weil er zu viel und zu lange – zu dauerhaft – Druck ausgeübt hat, macht es nicht einfacher.

Doch auch der gegenteilige Fall, das (dem Reitergewicht) davonrennende Pferd, ist schwer in den Griff zu bekommen. Die meisten Reiter trauen sich nämlich nicht mehr, den Zügel loszulassen, weil sie Angst haben, dass ihnen das Pferd dann komplett aus der Kontrolle gerät.

4 Korrekturmöglichkeiten und Verbesserungsvorschläge

Ein festgehaltener oder durchhängender Pferderücken ist ein derart schwerwiegendes Problem, dass es bei der Korrektur absolute Priorität haben muss. Ein Pferd, das »ohne Rücken« geht, ist nicht nur unbequem und schwer kontrollierbar für den Reiter, sondern im schlimmsten Fall bald aufgrund von Rückenschmerzen durch muskuläre Verspannungen oder gar krankhafte Veränderungen der Wirbelsäule (Kissing Spine) reituntauglich.

Der Aufbau bzw. die Wiederherstellung der Tragkraft des Pferderückens kann ziemlich zeitraubend sein und unter Umständen auch einen Verzicht aufs Reiten für einige Zeit bedeuten.

Verspannte Pferde mit Rückenschwierigkeiten – gleichgültig, ob sie dem Reiter davonrennen oder im Schneckentempo schleichen – können durch Longen- und Bodenarbeit am einfachsten ohne Reitergewicht entspannt werden. **Wichtig ist jedoch eine kontrollierte Haltung an der Longe, ohne das Pferd zu stark einzuspannen.**

Sind Hilfszügel notwendig, weil sich das Pferd nicht vorwärts-abwärts dehnen will, so sollte die erste Wahl auf einen Rückentrainer oder ein Chambon fallen, weil damit die maximale Dehnung möglich ist. Es gibt jedoch auch Pferde, die mit einem Dreieckszügel besser bedient sind; da reagiert jedes Pferd etwas anders und sowohl Hilfszügel als auch die längenmäßige Verschnallung desselben muss in verschiedenen Varianten ausprobiert werden.

Den Pferden eine Aufgabe stellen – das lenkt von manchen Problemen ab.

Kriterien der richtigen Haltung an der Longe sind, wie schon oben beschrieben:
Hinterhand aktiv, Hals maximal gedehnt, Nase vor der Senkrechten, Rücken oben und schwingend.
Auch ein **Rückentrainer** (siehe Abbildung und Beschreibung S. 38/39), eine Art »Fahrgeschirr« für eine vereinfachte Form von Doppellongenarbeit kann zum Erreichen dieser Ziele eingesetzt werden. Bei manchen Pferden wirkt der Rückentrainer wahre Wunder. Durch eine lose Verbindung vom Maul zu einem Riemen um die HH holt sich das Pferd beim Laufen ständig moderate treibende Impulse von hinten sowie leichte Paraden.

Bei der anschließenden Arbeit unter dem Sattel sollten zu Anfang Trailübungen, Cavalettiarbeit, evtl. mit kleinen Sprüngen (–> tiefe Nase und Konzentration auf eine Aufgabe) und kontrollierte Schrittarbeit mit Gehorsams- und Biegeübungen im Vordergrund stehen.

Schenkelweichen, Schulterherein und viele Wendungen und Richtungswechsel dienen dazu, das Pferd an den äußeren »Kontrollzügel« zu stellen. Wichtig ist dabei vor allem, eine konstante »Gummiband«-Verbindung (vor allem am äußeren Zügel) herzustellen, um das Pferd schnell korrigieren zu können, wenn es eins seiner Ausweichmanöver durchführt. Genauso wichtig ist jedoch, mit wechselndem Druck zu arbeiten, so dass die Zügelverbindung nicht starr wird. Wird nicht gerade eine Parade am äußeren Zügel gegeben oder das Pferd am inneren Zügel »nachgestellt«, so sollte der Druck am Zügel auf wenige Gramm reduziert werden, der innere Zügel kann sogar ab und zu komplett losgelasssen werden, wenn er seine stellende Aufgabe erfüllt hat. (Die Aufgabe der Zügelverbindung ist jedoch eine diffizile Angelegenheit, weil dabei auch ein Teil der Kontrolle aufgegeben wird.)

Kontrollierbarkeit bei einfachen Lektionen erreichen

Erst, wenn das Pferd im Schritt seine Gegenwehr aufgegeben hat, seine Nervosität verloren hat und so ruhig geworden ist, dass es Paraden zum Halten annimmt und ruhig stehen bleiben kann, sollte mit der Trab- und Galopparbeit unter dem Reiter begonnen werden. Um den Rücken zu entlasten sind anfangs Leichttraben und leichter Sitz im Galopp zweckmäßig.

Durch die Konzentration auf eine Aufgabe wird das Pferd davon abgelenkt, dass ihm das Reitergewicht ursprünglich unangenehm war oder gar Schmerzen bereitet hat.

Es gibt Pferde, die sich besser im Galopp lösen, und andere, die dies besser im Trab tun. Die bessere Gangart sollte anfangs Vorrang haben. Zur Not kann eine problematische Gangart zeitweise ausgeklammert werden.

Häufige Galopp-Trab-Übergänge im Entlastungssitz sind ein gutes Mittel, um den Pferderücken durch die dauernde Änderung des Taktes und der Fußfolge zu lockern und zum Schwingen zu bringen. Desgleichen sind Tempounterschiede (auch im Leichttraben, Entlastungssitz) gut geeignet, Aufmerksamkeit, Gehorsam und die Aktivität der Hinterhand zu fördern.

Ganz nebenbei ist es auch für den Reiter eine gute Übung, Gangart und Tempo häufig zu wechseln, um seine eigene Beweglichkeit und Anpassungsfähigkeit an die Bewegungen des Pferderückens zu verbessern.

Konterschulterherein in guter Ausrichtung.

Auch Bummeln im Gelände entspannt die meisten Pferde.

Prioritäten bei den gerittenen Übungen

Pferde, die nicht mehr vorwärts gehen, müssen zuerst wieder auf treibende Hilfen resensibilisiert werden, um ein ständiges, abstumpfendes Einwirken zu verhindern.

Pferde, die vorwärts gegen die Hand stürmen oder sich zentnerschwer auf die Hand legen, müssen lernen, eine Parade ohne Stütze durch die Reiterhand anzunehmen.

Die Resensibilisierungsübung für beide Problemkreise folgt im nächsten Abschnitt.

5 Übungen für den Reiter und gerittene Lektionen

Gerittene Lektionen

zur Resensibilisierung stumpfer Pferde: Leichttraben-Anhalten-Antraben-Leichttraben

Wichtig bei diesen Übungen ist die schnelle Wiederholung und Verstärkung von sehr kurzen Impulsen:

- 1 Gut vorwärts reiten im Leichttraben – das Pferd muss in der ersten Phase nicht unbedingt am Zügel stehen, es muss nur aktiv mit der HH vortreten.
- 2 Anhalten aus dem Leichttraben mit der »Stotterbremse« und stark blockierender Kreuzeinwirkung: Leichttraben-Einsitzen und dabei sofort stark das Becken kippen (= Kreuz anziehen) – dadurch wird die Rückenbewegung des Pferdes und damit auch die Vorwärtsbewegung abrupt gehemmt.
- 3 Jetzt kommt eine Vorwarnung über eine Stimmhilfe (Halt oder Ho)
- 4 Dann kommt ein erstes kurzes Annehmen hauptsächlich des äußeren Zügels dazu. Das unsensible Pferd wird darauf noch nicht gleich durch Anhalten reagieren.
- 5 Der Reiter lässt los, nimmt sehr kurz erneut an (evtl. diesmal beide Zügel und etwas härter), lässt wieder los – usw., bis das Pferd steht.

Während der ersten Versuche in dieser Form kann es sein, dass der Reiter auch zwischendrin sein Kreuz loslassen und dann erneut das Becken kippen muss. Und es kann sein, dass er beim dritten oder vierten Mal etwas härter am Zügel »zuppeln« muss. Oder, dass er zum Aktivieren der Hinterhand sogar mit der Gerte braucht.

Resensibilisierung 1. Phase – Leichttraben: Pferd und Reiterin in guter Haltung.

Resensibilisierung 2. Phase – Parade zum Halten: Hier sieht man schon die zweite Phase des Anhaltens, bei der der Zügel wieder locker wird.

Wichtig ist:

- A Härtere Paraden zur Verstärkung immer ganz, ganz kurz geben,
- B Nicht versuchen, das Pferd gleich mit der ersten Parade zum Stehen zu bringen; das würde ein viel zu langes Durchhalten (= Ziehen) am Zügel bedeuten.
- C Eher zu früh als zu spät den Zügel komplett loslassen. Oft kann man sehen, dass ein Pferd, welches eben noch versuchte, sich in der Hand des Reiters abzustützen und vorwärts »büffelte«, sofort steht, wenn die Stütze in der Reiterhand wegfällt.
- D Pferde, die eine Parade zum Halten nur sehr widerwillig annehmen und immer »noch ein weiteres halbes Schrittchen nach vorn« machen, haben kein Balanceproblem, sondern im Allgemeinen ein Gehorsamsproblem; bei solchen Pferden kann man zur Verstärkung der Parade durchaus einen Gertenschlag auf die Hinterhand einsetzen mit der Bedeutung: »Setz dich auf deinen Hintern, belaste deine Hinterbeine«. Man nimmt dazu die Gerte am besten in die innere Hand und lässt das Pferd an der Bande anhalten, damit es nicht nach außen ausweichen kann. Mit der äußeren Hand hält man die Zügel, gibt eine härte Parade und unterstützt mit dem verbalen Kommando fürs Anhalten. Das Pferd kann dabei ruhig die Nase in die Luft strecken; Wichtig ist, dass die Hinterbeine Gewicht aufnehmen und die Schulter des Pferdes hoch kommt. Die korrekte Hals- und Kopfhaltung des Pferdes kommt später.

Ähnlich kann man vorgehen, wenn das Pferd die Hinterhand sofort nach dem Anhalten wieder nach hinten herausstellt und den Rücken durchhängen lässt: Ein kurzer Schlag auf das innere Hinterbein, verbunden mit einem verbalen »Halt« und einem Gegenhalten am Zügel bringt die Hinterbeine meist nach vorn und zur Aufnahme des Gewichts.

- 6 Steht das Pferd, wird es ausgiebig gelobt und am losen Zügel eine Weile stehengelassen.

(Bei in der Übung schon fortgeschritteneren Pferden kann man nun ein Rückwärtsrichten zwischenschalten und danach aus dem Rückwärtsrichten mit untergeschobener Hinterhand antraben.

- 7 Dann geht es ans Antraben aus dem Halten (bzw. Rückwärtsrichten). In der ersten Phase der

Resensibilisierung 3. Phase – Rückwärtsrichten: Der Zügel ist hier etwas zu lose – im Bedarfsfall hat die Reiterin keine Kontrolle über das Pferd.

Resensibilisierung 4. Phase – Antraben aus dem Rückwärtsrichten: Das Pferd drückt kraftvoll ab, die Reiterin geht jedoch nicht genug mit der Hand vor und knickt die Handgelenke ab.

Resensibilisierung muss das Pferd dazu wiederum nicht am Zügel stehen. Wichtig ist allein das prompte Antreten im Trab auf das Signal des Reiters. Zuerst kommt ein Stimmsignal (das Kommando »Trab« sollte das Pferd von der Longenarbeit her kennen) als Vorwarnung.

■ 8 Das unsensible Pferd wird darauf vermutlich nicht reagieren. Dann kommt ein einziger kurzer Druck mit beiden Schenkeln.

■ 9 Wenn das Pferd darauf auch nicht reagiert, darf der Reiter nicht etwa den ersten Druck verlängern und mit den Schenkeln weiter zudrücken (klemmen), sondern er nimmt den Druck weg und gibt erneut kurzen, diesmal etwas stärkeren Schenkeldruck; er kann auch ruhig etwas härter »anklopfen«. Der Einsatz von Sporen empfiehlt sich zur Resensibilisierung nicht, denn auf die ist das Pferd meist auch schon abgestumpft. Viele Pferde machen auch einfach nur einen Katzenbuckel und blockieren total, wenn man ihnen die Sporen in den Bauch piekst.

■ 10 Kommt immer noch keine Reaktion, nimmt der Reiter die Gerte in eine Hand, die Zügel in die andere und zieht dem Pferd strafend eins über. Ich habe noch kein Pferd erlebt, was in diesem Moment nicht einen Satz nach vorn gemacht hätte.
Aber Achtung: Seien Sie auf die heftige Vorwärtsreaktion gefasst und hängen Sie dem Pferd nicht mit dem Zügel unabsichtlich im Maul. Damit würden Sie es dafür bestrafen, dass es richtig reagiert hat. Loben Sie das Pferd mit der Stimme, auch wenn es angaloppiert statt anzutraben.
Versuchen Sie auch nicht, das Pferd vorschriftsmäßig am Zügel, in Haltung anzutraben. Es geht bei diesen Resensibilisierungsübungen nicht um die Haltung des Pferdes, sondern darum, eine prompte Reaktion mit der Hinterhand auf eine treibende Schenkelhilfe zu bekommen. Das »An-den-Zügel-Reiten« kommt später, wenn die Hinterbeine aktiviert sind.

■ 11 Traben Sie dann eine oder zwei Runden möglichst flott vorwärts, und beginnen Sie erneut mit dem Anhaltespiel.

Nach 5–6 Lektionen dieser Art sollte das Pferd sowohl nach zwei, drei kurzen Paraden stehen als auch nach dem ersten Schenkeldruck in Verbindung mit der Stimme antraben.
Später kann auch ein Rückwärtsrichten eingebaut und das Antraben aus der Rückwärtsbewegung gefordert werden. Das Pferd setzt sich mit dieser Übung schnell auf die Hinterhand und entwickelt Schwung.

Bei der vorangestellten Übung werden zwei Fliegen mit einer Klappe geschlagen: Die Hinterhand wird aktiviert – sowohl bei den Paraden zum Halten als auch beim Antreten. Und das Pferd lernt, dass es sich nicht in der Hand des Reiters abstützen kann. Auch bei Pferden, die vorwärts rennen und sich dabei auf die Hand legen, lässt sich mit Stimme und kurzen härteren Arrêts eine Verbesserung bewirken. Der Reiter muss dem Pferd die Stütze in der Hand verweigern: Wo nichts ist, kann es sich nicht drauflegen. Und er muss zusehen, dass die Nase des Pferds oben bleibt.
Auch Anlehnungsprobleme können durch einen kurzfristigen Verzicht auf Zügelanlehnung gebes-

Der Reiter muss dem Pferd die Stütze in der Hand verweigern, wenn es sich auf die Hand legen will. Wo kein Gegendruck ist, kann es sich nicht abstützen.

sert werden, weil die Gefahr, von vorne nach hinten zu reiten dadurch gebannt wird.

Der komplette Verzicht auf die Anlehnung ist jedoch bei manchen Pferden nicht zu empfehlen. Dazu gehören solche, die dabei sofort den Kopf hochreißen und ihren Spannungsbogen umkehren. Und solche, die dem Reiter die Zügel vehement nach unten aus der Hand reißen, wenn er ihnen die Dehnungshaltung anbietet – um dann sofort wieder den Hals hochzudrücken und die Nase in die Luft zu strecken.

Diese Pferde müssen durch Arbeit auf gebogenen Linien an den äußeren Zügel gestellt werden, um sie an diesem auch kontrollieren zu können. Der Druck am inneren Zügel kann dann »auf fast Null« heruntergefahren werden.

Der »westernmäßige« Stopp: Die Reiterin macht einen runden Rücken und hemmt die Rückenbewegung des Pferdes. Auf diesem Bild ist jedoch etwas zu viel Druck im Bügel, so dass ein Teil des Reitergewichtes ungenutzt nach hinten »verpufft«.

Übungen und Richtlinien für den Reiter:

Der Reiter muss vor allem das Loslassen lernen. Das gilt sowohl für den Zügel als auch für die Spannung im Körper, in den Gelenken, für den Schenkel- und Kniedruck.

Dazu muss er bewusst Spannung aus seinem Körper herausnehmen können (siehe Feldenkraisübungen, Trockentraining, progressive Muskelentspannung, Atemübungen)

Ein gutes Vorstellungsbild auf dem Pferd beim Durchparieren zum Halten ist z.B., sich der Anweisung für einen westernmäßigen Stop zu bedienen. Dort heißt es oft »mach' einen »Eichhörnchenbuckel«. Das bedeutet in der verbalen Langform: Der Reiter fällt in sich zusammen, zieht den Bauch ein, kippt den Beckenkamm nach hinten und atmet mit einem Stoß aus – die blockierende Kreuzhilfe schlechthin. Streckt er jetzt noch beide Arme nach vorn (nachdem er die erste Parade zum Halten gegeben hat), so verstärkt er »Eichhörnchenbuckel« und Blockade noch und nimmt dem Pferd gleichzeitig jede Stütze in der Hand.

Die Stimmhilfe »Ho« oder »Whoa« unterstützt das Ausatmen.

Diese Bewegungsfolge mitsamt dem stoßartigen Ausatmen kann man ohne Pferd (auf einem Stuhl) üben.

Das sieht meist nicht sehr elegant aus, erfüllt jedoch seinen Zweck der Druckreduzierung. Wenn das Pferd gelernt hat, auf minimierte Signale des Reiters anzuhalten, können die ganzen Paraden wieder nur durch »Anziehen des Kreuzes« (Geradestellen des Kreuzbeines) bei geradem Oberkörper des Reiters gegeben werden.

Der Rücken ist »weg«, wenn:
sich das Pferd auf die Hand legt,
wenn die Hinterhand nicht untertritt,
sich der Spannungsbogen umkehrt,

1 Lektion · Anweisung

Biegung und Geraderichten

Das Pferd biegen, Wendungen reiten, das Reiten auf gebogenen Linien: Ecken ausreiten, Zirkel, Schlangenlinien, Volten mit dem Ergebnis: Geraderichten

2. Wie muss es aussehen? Wofür ist es gut? Wem dient es?

Das Reiten auf gebogenen Linien soll das Pferd gymnastizieren und vermehrt unter dem Reitergewicht ausbalancieren. Es stellt auf lange Sicht die Tragfähigkeit des Pferderückens und damit die Gesundheit des Pferdes sicher. Es macht das Pferd kontrollierbar und bequem für den Reiter. **Korrekte Biegung ist die Grundlage für die Kontrolle am äußeren Zügel sowie für die Aktivierung des jeweils inneren Hinterbeines – in Folge davon für das Geraderichten und schließlich für die Versammlung.**

Dabei muss die Längsachse des Pferdes gleichmäßig vom Genick bis zu den Schweifwirbeln gebogen sein (eine Art seitlich ausgerichteter Spannungsbogen). Die Längsbiegung des Pferdes muss sich in Übereinstimmung mit der gerittenen Linie befinden. Und das Ganze muss schließlich nach beiden Seiten gleich gut funktionieren.

Korrekte Biegung erfordert korrekte Gewichtshilfen des Reiters. Wenn der Reiter schon in einem frühen Stadium der Ausbildung darauf achtet, das Pferd hauptsächlich »über den Sitz« (d.h. die zweckmäßige Gewichtsverlagerung) zu kontrollieren, so fällt es ihm später nicht mehr schwer, die Zügelhilfen als zweitrangig zu betrachten und die Versammlung nicht durch den Zügel zu erzwingen.

Biegung ist Funktionsgymnastik fürs Pferd

Korrekte Biegearbeit ist die Voraussetzung fürs Geraderichten

Hier stimmt die Ausrichtung der Reiterin nicht ganz: Der Oberkörper ist leicht verdreht, die innere Schulter zurückgezogen. Das Pferd jedoch ist gleichmäßig gebogen.

Im Einzelnen soll mit der Biegung folgendes erreicht werden:

Das innere Hinterbein nimmt vermehrt Last auf.

Die äußere Seite wird gedehnt.

Die Unterscheidung in inneren Stellungszügel und äußeren Kontrollzügel wird möglich. Erst damit kann man das Genick des Pferdes kontrollieren und seine Oberlinie »runden«, also den korrekten Spannungsbogen herstellen (siehe auch Thema »am Zügel« und »über den Rücken reiten«).

Das Genick wird locker, das Pferd beginnt zu kauen.

Der Reiter lernt, in Bewegungsrichtung zu schauen und zu sitzen (richtige Gewichtshilfen, korrekte Ausrichtung des Reiters als Vorgabe für das Pferd).

Das Pferd lernt, seinen Schwerpunkt unter den des

Das Pferd biegen: Auf diesem Foto ist das Pferd im Hals stärker gestellt als im übrigen Körper. In dieser Haltung kann es über die äußere Schulter ausweichen.

Ausrichtung im Schulterherein durch Kopfdrehung in Bewegungsrichtung. Hier ist die äußere Schulter der Reiterin jedoch etwas zu weit hinten (nicht parallel zur Pferdeschulter).

Reiters zu bringen – es »läuft unter das Gewicht des Reiters« (Ausrichtung des Pferdes auf den Reiter).

Lässt sich das Pferd auf beiden Händen gleich gut biegen, nimmt es mit beiden Hinterbeinen gleich viel Last auf und ist gerade gerichtet.

3 Fehler, Missverständnisse, Diskussionsbedarf

Fehler des Reiters

Kardinalfehler vieler Reiter ist sicherlich das **Ziehen am inneren Zügel** und die fehlende Kontrolle am äußeren Zügel (siehe auch Themenkreis »An-den-Zügel-Reiten).

Daneben ist das **Verdrehen des Oberkörpers** aus der Hüfte verbreitet, was im Endeffekt wieder zum »Nach-hinten-Ziehen« am inneren Zügel führt. Seitliches **Herunterschauen und Einknicken** in der Hüfte sowie starkes »Hereinwerfen« des Oberkörpers in die Wendung (»Ausleger«) sind weiterhin beliebte Fehler.

Keine Orientierung: Viele Reiter schauen auch auf den Pferdehals hinunter, statt in Bewegungsrichtung. Damit geben sie dem Pferd zu wenig Orientierungsrichtlinien und lassen es mehr oder weniger selbst die Richtung bestimmen. Eine korrekte Ausrichtung und Orientierung im Raum fehlt. Die Hufschlagfiguren werden schlampig ausgeführt, das Pferd schneidet die Ecken ab, verkleinert oder vergrößert den Zirkel unaufgefordert oder kommt beim »durch-die-ganze-Bahn-wechseln« nicht an den Wechselpunkten an.

Korrekte Bahnfiguren und später auch die korrekte Ausrichtung bei den Seitengängen sind jedoch kein Selbstzweck, sondern die Kriterien für eine korrekte Ausrichtung des Reiters

Die Ausrichtung des Reiters und seine Orientierung im Raum lenken das Pferd.

(richtige Gewichtshilfen) und damit eine korrekte Richtungs-Vorgabe an das Pferd.

Ausweichmanöver des Pferdes

Insbesondere steife, schlecht gymnastizierte oder unausgebildete, junge Pferde wollen sich der gleichmäßigen Längsbiegung entziehen. Wie auch jeder steife oder untrainierte Mensch empfinden sie »Gymnastik« als unbequem. Ohne diese Funktionsgymnastik ist jedoch die Tragfähigkeit des Pferderückens nicht zu erreichen.

Pferde, die sich nicht biegen wollen, kippen entweder nach innen über die Schulter in eine Wendung herein oder drängen nach außen heraus.

Beim Kippen in den Zirkel hinein stellt sich das Pferd oft nach außen und drückt die innere Schulter nach unten. Drängelt es nach außen heraus, knickt

Gut ausgerichtet und aufeinander konzentriert.

es gerne den Hals nach innen ab, so dass der seitliche Spannungsbogen im Bereich des Widerristes einen Bruch aufweist. Das kann es besonders gut, wenn der Reiter am inneren Zügel zieht und den äußeren zu wenig dran hat.

Bei der Zirkelarbeit kann man beide Phänomene gut beobachten. Oft ist es so, dass das Pferd auf der einen Hand in den Zirkel hineinkippt und auf der anderen herausdrängelt. Das ist abhängig von seiner natürlichen Schiefe, die es beim Geraderichten auszuschalten gilt.

4 Korrekturmöglichkeiten, Verbesserungsvorschläge

Für Wendungen gelten einige einfache Grundsätze.

- 1 Der Reiter ist für die Aussteuerung und die Richtungsvorgabe zuständig – er darf dem Pferd nicht erlauben, die Richtung vorzugeben.
- 2 Dazu muss er in Bewegungsrichtung schauen (Kopfdrehung genügt meistens)
- 3 Er muss den inneren Gesäßknochen belasten (innere Hüfte leicht vorschieben, inneres Bein etwas stärker nach unten durchfedern), um das Pferd »hinter seinem Gewicht herzulocken«.
- 4 Dazu muss er den Oberkörper gerade lassen und den Kopf »oben behalten«, um ein freies Okzipitalgelenk (Drehgelenk am Schädelansatz) zu gewährleisten.
- 5 Er muss das Pferd am äußeren Zügel in die Wendung führen.
- 6 Seine innere Hand muss dabei vorne und oben bleiben.

Beherzigt man diese Grundsätze, so kann man die Ausweichmanöver des Pferdes meist gut korrigieren. Allerdings nur dann,

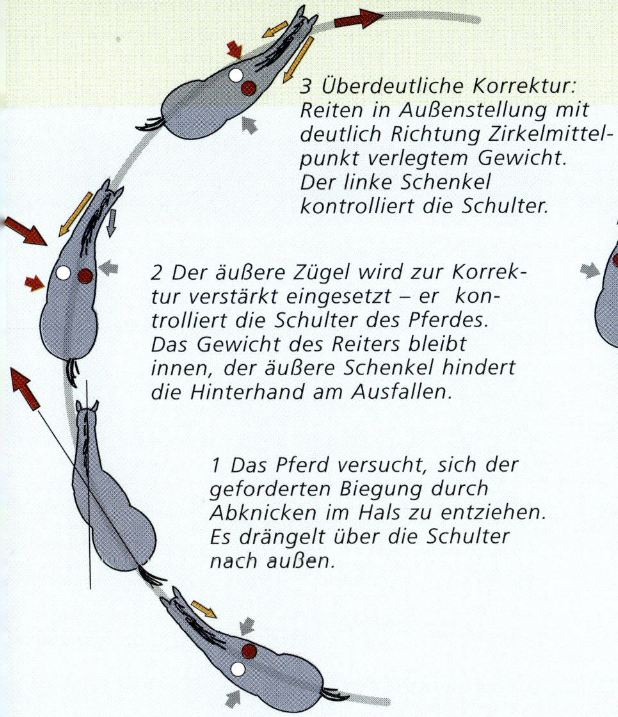

Korrektur des Herausdrängelns aus dem Zirkel

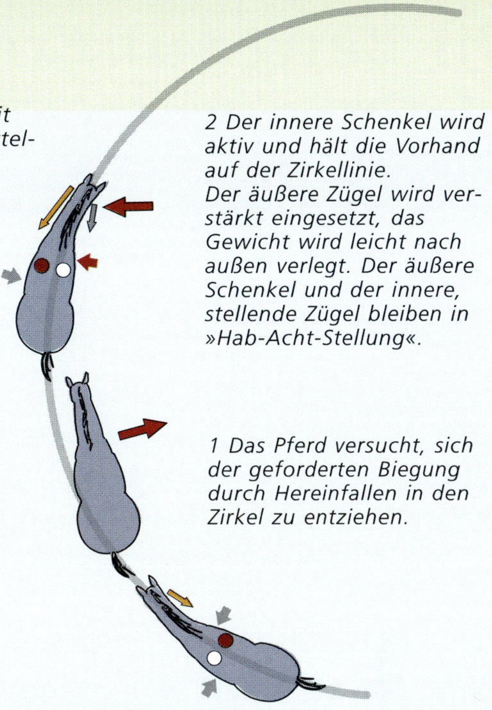

Korrektur des Hereinkippens in den Zirkel

- 1 wenn man weiß, wo man hin will (Ziel, Ausrichtung, Bewegungsqualität, Orientierung im Raum),
- 2 wenn man die Mittel zum Erreichen des Zieles kennt (Korrekturinstrumente),
- 3 wenn man weiß, was man im Augenblick wirklich tut (Bewusstheit der Bewegungen, Körpergefühl),
- 4 wenn man sein Tun bewusst ändern kann,
- 5 wenn man alle seine Körperteile unabhängig voneinander und vom Sitz bewegen kann (insbesondere die Hände und die Unterschenkel). Dazu ist die schon erwähnte gute Beweglichkeit im Becken nötig.

Im Gelände fällt den meisten Reitern die Ausrichtung in Bewegungsrichtung leichter.

Kopfdrehung mit dem freien Okzipitalgelenk:
1: falsch – Kopf in den Nacken gelegt.
2: richtige Aufrichtung in der Halswirbelsäule
3: freies Gelenk in der Drehung
4: Blockade in der Drehung

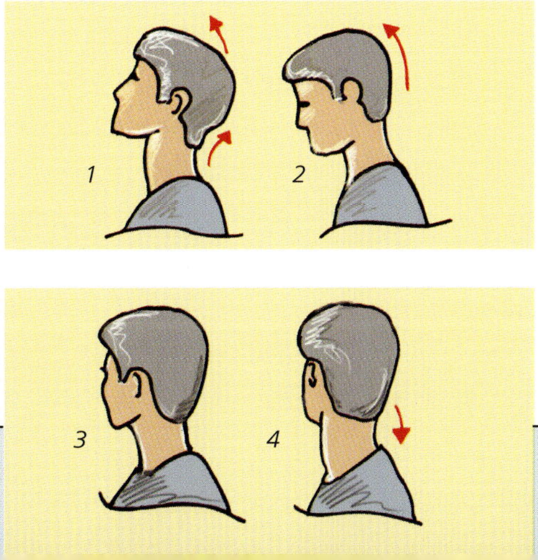

Die Punkte 1 und 3 bedürfen noch einiger Ausführungen, denn sie sind besonders wichtig.

1 Die Zielsetzung ist eigentlich ganz einfach – oder doch nicht?

Wissen Sie, wie sich ein korrekt gebogenes Pferd, welches am äußeren Zügel steht, anfühlen muss? Man könnte es folgendermaßen auf den Punkt bringen: **Ein korrekt gebogenes Pferd setzt Sie nicht »verquer« hin**. Rutschen Sie in einer Wendung nach außen oder nach innen, so biegt sich das Pferd nicht oder unterbricht den seitlichen Spannungsbogen.

Versuchen Sie nicht, dieses Wegrutschen mit vermehrtem »Knie zumachen« oder einem starken Gegenlehnen des Oberkörpers zu bekämpfen. Sie bekommen damit zu viel negative Spannung in den Sitz, und Ihr Schwerpunkt entfernt sich immer weiter von dem des Pferdes (siehe nächster Abschnitt). Je mehr (Ver)Spannung Sie in den Sitz bekommen, umso weniger merken Sie, was das Pferd unter Ihnen zu tun beabsichtigt. Versuchen Sie, stattdessen möglichst im Wahrnehmungssitz zu bleiben, in dem Sie kleine Veränderungen im Pferdekörper schnell erfühlen. Und halten Sie Ihre Korrekturen im Aktionssitz so kurz wie möglich, bevor Sie wieder in den spannungsreduzierten Wahrnehmungssitz zurückkehren. (Dazu mehr im nächsten Abschnitt.)

Sowohl Wahrnehmungs- als auch Aktionssitz setzen eine ständige gefühlsmäßige Bewertung der Bewegungen von Reiter und Pferd sowie eine Bewusstheit der eigenen Aktion seitens des Reiters voraus. Damit sind wir bei Punkt 3.

3 Wissen Sie immer genau, was Ihr Körper tut?

Überprüfen Sie in verschiedenen Lektionen immer mal wieder im Geiste folgende Parameter:

Gleichmäßige Längsbiegung mit losem inneren Zügel im Leichttraben.

- Auf welchem Gesäßknochen sitzen Sie? Spüren Sie Ihre Gesäßknochen überhaupt beide oder »verlieren« Sie einen?
- Wo ist Ihr Oberkörper? Vorne, hinten, seitlich überhängend?
- Lassen Sie den Kopf hängen?
- Wohin kippt Ihr Beckenkamm?
- Ziehen Sie den Bauch ein?
- Halten Sie den Atem an?
- Was macht Ihre äußere und was die innere Hand? Wo stehen die Hände?
- Federn Ihre Gelenke im Bein nach unten?
- Liegen die Schenkel zu lange oder zu fest am Pferd? Drücken Sie die Knie dauerhaft zu?
- Wo liegt der Schenkel?
- Sind Ihre Schultern gleich hoch?

Erfühlen Sie im Wahrnehmungssitz die Absichten Ihres Pferdes und reagieren Sie kurz und schnell im Aktionssitz.

Gleichmäßige Längsbiegung bei sehr schöner Haltung des Pferdes. Die Reiterin hat jedoch den inneren Schenkel etwas festgeklemmt.

Das Pferd ist zu stark gestellt, es drängt über die äußere Schulter.

- Ziehen Sie die Schultern hoch oder drücken Sie sie herunter?
- Verdrehen Sie sich aus der Hüfte?
- Haben Sie Probleme, ihre Muskelspannung im g esamten Körper zu lösen?

Bei den Feldenkraisübungen am Anfang des praktischen Teils (ab Seite 12)können Sie sich das Gefühl für diese Art von Selbst-Abfrage erarbeiten.

5 Übungen und gerittene Lektionen

Am Beispiel des Reitens auf dem Zirkel folgen hier die wesentlichen Korrekturmöglichkeiten für ein Pferd, welches sich der Biegung entziehen will. Sie haben die Lehrsätze **»Das Pferd läuft unter das Gewicht des Reiters«** und **»Das Pferd wird am äußeren Zügel kontrolliert«** zur Grundlage.

Das Pferd wird mit Gewichtsverlagerung und am äußeren Kontrollzügel in die Wendung geritten.
Locken Sie das Pferd nach innen hinter Ihrem Gewicht her, statt es mit dem äußeren Schenkel wegzuschieben.

1 Das Pferd läuft über die äußere Schulter weg.

Sie müssen in diesem Fall den äußeren Zügel stärker annehmen, um die äußere Schulter des Pferdes am Ausfallen zu hindern und aus dem Widerrist heraus die Abstellung des Pferdehalses nach innen zu begrenzen.
Ihr Gewicht müssen Sie eher nach innen (Richtung Zirkelmittelpunkt) bringen.
Das kann soweit gehen, dass Sie extrem in Richtung der Wendung sitzen und das Pferd in Außenstellung reiten (das ist so eine Art Konterschulterherein – siehe auch Abschnitt Schulterherein).

2 Das Pferd kippt nach innen in die Wendung hinein.

Lassen Sie in diesem Fall nicht zu, dass sich das Pferd nach außen umstellt, wenn Sie die Richtung korrigieren wollen. Führen Sie dazu die Zügel breiter. Stellen Sie die äußere Hand weiter nach außen und die innere weiter nach innen (so dass die Stellung nach innen erhalten bleibt). Und sitzen Sie leicht auf dem äußeren Gesäßknochen (die Stellung des Pferdes und der Sitz des Reiters ist mit dem normalen Schulterherein auf dem Zirkel zu vergleichen).

Der innere Zügel zieht nach unten. Das Pferd verwirft sich und drückt den Hals hoch.

Achten Sie bei allen Korrekturen darauf, die Aktionen von innerem und äußerem Zügel gut zu trennen. Der innere Zügel stellt, der äußere pariert und kontrolliert (Achtung: Die Bezeichnung innen und außen beim Zügel richtet sich immer nach der Stellung des Pferdes nicht nach Innen- und Außenseite des Zirkels.)

Achten Sie auch darauf, immer deutlich in Bewegungsrichtung zu schauen, um nicht die Richtung, die Orientierung im Raum, zu verlieren.

Prinzipiell kann man die Korrektur für beide Ausweichmanöver des Pferdes (Hereinfallen und Herausdriften aus der Wendung) folgendermaßen vereinfacht zusammenfassen:

Stellen Sie das Pferd mehr oder weniger stark in die Richtung, in die es wegdriftet und sitzen Sie stärker auf dem Gesäßknochen auf der entgegengesetzten Seite (da, wo Sie hinwollen).

Es gibt jedoch noch ein paar »Wenn und Aber«.

Der Reiter kann das Pferd nur dazu veranlassen, unter sein Gewicht zu laufen, d.h. seiner Gewichtsverlagerung – dem stärkeren Druck auf einem Gesäßknochen – zu folgen, wenn sich die Schwerpunkte von beiden noch weitgehend übereinander befinden.

Erfolgt die Korrektur des Wegdriftens nicht rechtzeitig (d.h. im Ansatz), so hat sich das Pferd oft schon mit seinem Schwerpunkt zu weit vom Schwerpunkt des Reiters entfernt. Ein weites Herüberhängen des Oberkörpers in die Richtung der beabsichtigen Wendung ist aus diesem Grund völlig zwecklos. Es lässt nur die Schwerpunkte noch weiter auseinander klaffen.

Die Orientierung im Raum (korrekte Hufschlagfiguren) und eine klare Zielsetzung für »Bewegungsqualität« sind deswegen so wichtig, weil der Reiter dem Pferd keine klaren »Vorgaben« machen kann, wenn er weder weiß, wo er hin will, noch weiß, wie sich das anfühlen soll.

Die innere Hand zieht Richtung Oberschenkel. Die Reiterin zieht sich selbst und das Pferd damit krumm. Das Pferd drängt über die Schulter nach außen.

Das Pferd läuft nicht mehr unter das Gewicht des Reiters, wenn die Schwerpunkte von beiden zu stark auseinander klaffen. Die Grundlage für korrekte Gewichtshilfen, nämlich das gemeinsame Gleichgewicht von Reiter und Pferd, ist nicht mehr gegeben. Ist das passiert, so muss der Reiter zuerst seinen Schwerpunkt wieder über den des weggelaufenen Pferdes bringen und kann dann erst mit der Korrektur beginnen.

Am Beispiel des nach außen aus dem Zirkel wegdriftenden Pferdes heißt das: Gewicht zuerst mit nach außen nehmen, dann erst den äußeren Zügel stärker annehmen und danach erst versuchen, das Pferd durch Verlagerung des Reitergewichts nach innen wieder »mitzunehmen«.

Der Reiter muss also rechtzeitig merken, wenn das Pferd Anstalten macht, auszubüchsen. Merkt er es zu spät, kommt oft auch jeder Korrekturversuch zu spät. Und rechtzeitig merken kann der Reiter das nur, wenn er mit wachen Sinnen im Wahrnehmungssitz (siehe dort) mit minimaler Spannung reitet und dem Pferd seine volle Aufmerksamkeit schenkt.

Nicht den zweiten Schritt vor dem ersten tun

Insbesondere in schnelleren Gangarten ist das Pferd oft aus dem Zirkel ausgebrochen, bevor der Reiter auch nur die Chance zur Reaktion hat. Hier gilt die Richtlinie: Eine Wendung muss erst im Schritt hundertprozentig ausgesteuert sein, bevor man sie im Trab probiert. Und sie muss im Trab sicher sitzen, bevor man mit dem Galopp beginnt. Andernfalls lehrt man das Pferd nur, wie es sich am besten den Forderungen des Reiters entziehen kann.

Ein sehr wichtiger Punkt bei allen Wendungen ist es, den Reiter vom Ziehen am inneren Zügel abzuhalten und damit zu verhindern, dass sich das Pferd praktisch »zusammenklappt« und nach außen wegdriftet.

Prinzipiell ist es immer Sache des Reiters, dem Pferd die richtige Reaktion auf den äußeren Zügel »schmackhaft« zu machen. Ein schlecht gebogenes – und damit nicht gerade gerichtetes – Pferd ist immer dem Reiter anzulasten.

Deswegen folgen hier spezielle Übungen nur für die Koordination des Reiters.

Bei vielen Stellungs- und Richtungskorrekturen hilft die »breite Zügelführung«.

Der Reiter muss lernen, den äußeren Zügel als den wichtigeren zu benutzen und das Pferd muss lernen, ihn als Kontrollzügel zu akzeptieren.

Hier stimmen Sitz, Balance und Ausrichtung. Das Pferd steht am äußeren Zügel; die Reiterin hat jedoch durch das abgeknickte innere Handgelenk zu viel Spannung im Arm.

Hände unabhängig voneinander bewegen

Der Reiter kann auf dem Pferd (vorerst im Schritt auf der Geraden, später auch im Trab und Galopp) üben, seine Hände unabhängig voneinander zu bewegen, indem er z.B. einfach einmal die äußere Hand stehen lässt und die innere Hand anhebt, nach vorne oder zur Seite bewegt – alles so weich, dass er das Pferd zwar damit im Maul beschäftigt, es jedoch nicht ruckartig stört. Das Gleiche macht er dann mit der äußeren Hand bei ruhiger innerer Hand.

Ein Vibrieren oder »Wackeln« mit kleinem und Ringfinger (Klavierspielen) hauptsächlich am äußeren Zügel kann verhindern, dass der äußere Zügel zu starr ansteht. Bei sensibel gerittenen Pferden reicht das als Parade aus.

Häufiges Zügel-aus-der-Hand-kauen-lassen und weich wieder aufnehmen ist eine weitere gute Übung – sowohl für die »Handkoordination« als auch für die Weichheit des Pferdes im Genick.

Gerittene Lektionen

Schlangenlinien und aus dem Zirkel wechseln (Achten reiten) mit der Kopfdrehung reiten – Hinschauen, wohin man reitet

Diese Übung sollte möglichst ohne Zügelanlehnung geritten werden. Das ist für den Reiter eine sehr gute Lektion zur Koordination und Ausrichtung des Oberkörpers und verhindert das Ziehen am inneren Zügel. Es geht jedoch nicht unbedingt gleich mit jedem Pferd. Schlecht ausbalancierte oder steife Pferde werden der Kopfdrehung (= leichte Gewichtsverlagerung) nicht sofort folgen. Bei diesen muss der Reiter unter Umständen noch hin und wieder den seitwärts wirkenden inneren Zügel hinzunehmen.

Reiten mit einer Hand

Das Reiten allein mit der äußeren Hand auf dem Zirkel ist eine weitere gute Übung, um den Reiter vom Ziehen am inneren Zügel abzubringen. Die innere Hand wird mit einem Wasserglas oder einem Löffel samt Ei zum Balancieren »beschäftigt«.

Reiten mit hoch gestrecktem inneren Arm

Auf dem Zirkel reiten und dabei den inneren Arm senkrecht nach oben strecken: Diese Übung bringt den Reiter sauber auf den inneren Gesäßknochen und richtet ihn gleichzeitig im Oberkörper auf.

Reiten in Außenstellung

(ausführlich: siehe Seitengänge – Schulterherein und Travers/Traversale ab Seite 95)

Trockenübungen

Konzentrieren Sie sich auf einem Stuhl sitzend auf die Belastungsänderung auf den Sitzknochen bei

Die innere Hand bleibt vorne und oben. Sie darf sich nur seitlich nach innen oder noch weiter nach vorne bewegen, nicht nach hinten oder unten.

Hier stimmt gar nichts: Die Reiterin zieht am inneren Zügel, stemmt sich mit dem inneren Fuß in den Steigbügel und verdreht sich im Oberkörper. Das Pferd reagiert erwartungsgemäß – es drückt den Rücken weg und drängt über die äußere Schulter.

Auf diesem Bild ist die Ausrichtung der Reiterin sehr viel besser, aber noch nicht ganz okay: Das Pferd folgt dieser Ausrichtung ins Schulterherein. Immer noch ist jedoch die innere Schulter der Reiterin zurückgezogen und im inneren Bügel ist zu viel Gewicht.

verschiedenen Drehbewegungen von Kopf und Hüfte (siehe eingangs beschriebene Übungen). Versuchen Sie das Gleiche später auf dem stehenden Pferd. Dadurch lernen Sie zu erkennen, wie es sich anfühlt, wenn Sie sich zu stark aus der Hüfte verdrehen und das Gewicht auf den falschen Gesäßknochen kommt. Und Sie können sich bei gerittenen Wendungen wieder daran erinnern und den Fehler mit der Zeit abstellen (Selbst-Abfrage + Selbstkorrektur).

Die Gewichtsverlagerung des Reiters in Wendungen – was zu beachten ist:
Vor Einleitung der Wendung müssen die Schwerpunkte von Reiter und Pferd übereinander liegen.
Der Reiter darf den Oberkörper nicht verdrehen, sonst kommt das Gewicht auf den falschen Gesäßknochen.

Die Übung »Brustkorb weiten« kann Ihnen helfen, den Oberkörper richtig aufzurichten und »die Schulter aufzumachen«. Nur aus dieser Aufrichtung heraus funktioniert die steuernde Kopfdrehung richtig.

1. Lektion · Anweisung

»Schulterherein«

Mit Ausführungen zum Schenkelweichen und Vorhandwendung als Vorübung

2. Wie muss es aussehen? Wofür ist es gut? Wem dient es?

Schulterherein gehört zu den Seitengängen. Alle Seitengänge sind prinzipiell eine Sonderform des Reitens auf gebogenen Linien. Das Schulterherein nimmt eine Art »Schlüsselstellung« als Kontroll- und Korrekturübung ein. Es ist für Pferd und Reiter leichter zu erlernen als Travers und Traversale, hat eine stark gymnastizierende Wirkung auf das Pferd

und kann immer dann zur Korrektur eingesetzt werden, wenn es Probleme mit der Anlehnung und Biegung gibt.

Schulterherein:

- bringt dem Reiter die richtige Ausrichtung (Sitz in Bewegungsrichtung) bei.
- erleichtert das (gefühlsmäßige) Verständnis der Wirkung des »kontrollierenden äußeren Zügels«.
- festigt die Kontrolle am äußeren Zügel.
- verdeutlicht die unerwünschten Auswirkungen des Ziehens am inneren Zügel.
- verbessert die Koordination bei Pferd und Reiter, (das Pferd läuft nicht mehr der Nase nach, Stellung und Bewegungsrichtung lassen sich trennen).
- gymnastiziert: es trainiert (beugt) das innere Hinterbein und dehnt die äußere Seite des Pferdes.
- kann in vielen Bereichen als Korrekturübung eingesetzt werden, insbesondere bei Problemen mit der Biegung und dem Geraderichten.

3. Missverständnisse, Diskussionspunkte und Fehlerquellen

Verwechslungsgefahr mit dem Schenkelweichen:

Was unterscheidet Schenkelweichen vom Schulterherein?

rechts und Mitte: zwei Phasen des Schulterherein – übertreten vorne und übertreten hinten mit guter Ausrichtung der Reiterin. Der Kopf der Reiterin könnte zwar etwas in Bewegungsrichtung gedreht sein, die gute Reaktion des Pferdes zeigt jedoch, dass die Gewichtsverlagerung auch so stimmt. Das Pferd bestätigt mit seiner Reaktion die Richtigkeit der Hilfe.

ganz rechts: die Vorhandwendung als Vorübung für den Schenkelgehorsam. Das Pferd kreuzt mit dem inneren Hinterbein vor dem äußeren.

Gemeinsamkeiten:

Das Pferd ist gegen die Bewegungsrichtung gestellt

Unterschiede:

Beim Schulterherein ist das Pferd mehr oder weniger stark gebogen, beim Schenkelweichen nur gestellt.

Schulterherein gymnastiziert stärker (Biegung und Tragkraft des inneren Hinterbeines),

Schenkelweichen hat hauptsächlich den Zweck, das Pferd auf den seitwärts treibenden, inneren Schenkel einzustimmen.

Schenkelweichen lehrt das Pferd, **dem Druck des inneren Schenkels zu weichen** (das innere Hinterbein weicht dem Druck des Schenkels seitwärts aus; es tritt über, nimmt aber nicht so viel Last auf, wie beim Schulterherein). Die Belastung der äußeren Schulter des Pferdes ist im Schenkelweichen höher als im Schulterherein, denn das innere Hinterbein schiebt das ganze Pferd leicht diagonal vorwärts auf die äußere Schulter. (Die Schubkraft des inneren HB ist noch stärker als seine Tragkraft.) Schenkelweichen ist in Trailübungen auch als reine Seitwärtsbewegung möglich, bei der das Pferd mit

Beim Schulterherein geht das Pferd gebogen geradeaus, Vorhand und Hinterhand bewegen sich auf zwei getrennten Spuren, dabei ist die Vorhand innen, die Hinterhand außen.
Das Pferd ist gegen die Bewegungsrichtung gestellt und gebogen.

halben Tritten z.B. seitwärts über eine Stange läuft (und dabei nicht übertritt, sondern nur das innere Bein an das äußere heranzieht).
Schulterherein gymnastiziert stärker, es bringt das Pferd aufs innere Hinterbein: dieses tritt weiter vor und nimmt Last auf. Es trägt mehr und schiebt weniger Richtung äußere Schulter.
Die Belastung des inneren HB wird größer, die der äußeren Schulter geringer.
Die Ausrichtung des Reiters beim Schenkelweichen: Sitz gegen die Bewegungsrichtung.
Die Ausrichtung des Reiters beim Schulterherein: Sitz in Bewegungsrichtung (zumindest bei der hier als leichter dargestellten Variante).

Schenkelweichen wird der Einfachheit halber oft mit zur Bande gestelltem Pferd geritten, da es mit Blickrichtung zur Bande nicht so leicht nach vorne wegläuft.
Schulterherein wird im Normalfall mit nach innen in die Reitbahn herein gestelltem Pferd geritten, kann jedoch auch als Konterschulterherein mit zur Bande hin gestelltem Pferd (bzw. mit Außenstellung auf dem Zirkel) geritten werden.

Die Vorhandwendung als Übung zum Schenkelgehorsam und Vorübung zum Schenkelweichen
Um das Pferd auf den seitwärts treibenden inneren und kontrollierenden äußeren Schenkel zu sensibilisieren, kann die Vorhandwendung gute Dienste leisten (später wird sie zunehmend unwichtiger und ist nur noch in z.B. den Koordinationsübungen von Trailpüfungen von Bedeutung). Auch die Kontrolle am äußeren Zügel kann mit dieser Übung gut erlernt werden. Die Vorhand soll dabei weitgehend auf der Stelle treten, **das innere Hinterbein vor dem äußeren Hinterbein kreuzen**. Eine leichte

Tendenz der Übung nach vorn ist deswegen in Ordnung, eine Rückwärtstendenz nicht.

Die Übung wird auf dem zweiten Hufschlag begonnen, damit der Hals des Pferdes genug Platz bis zur Bande hat.

Das Pferd wird leicht mit dem inneren Zügel nach innen gestellt, der äußere Zügel verhindert das »Vorwärts«. Der innere Schenkel treibt die Hinterhand seitwärts, der äußere Schenkel fängt ein »Zuviel« der Seitwärtsbewegung auf.

Als Beispiel die Vorhandwendung (VHW) rechts: Das Pferd steht linke Hand auf dem zweiten Hufschlag. Der Reiter stellt es nach rechts, treibt mit dem rechten Schenkel und gibt links eine Parade, um ein Vorwärstreten zu verhindern. Nach dem ersten Tritt seitwärts nimmt er alle Hilfen zurück (Mini-Pause). Will das Pferd weiterlaufen, so hält der äußere Schenkel verwahrend gegen (etwas hinter dem Gurt).

Schulterherein

Dann wiederholt man alles für den zweiten Tritt – wieder Pause. So lange, bis das Pferd eine 180°-Wendung um die Vorhand ausgeführt hat.

Die Hauptfehler bei der Vorhandwendung und ihre Korrektur:

- 1 Das Pferd läuft nach vorne weg

Der Reiter muss vermehrt am äußeren Zügel parieren und sein Gewicht hinten lassen (nicht nach vorn fallen).

- 2 Das Pferd tritt nicht über, reagiert nicht auf den seitwärts treibenden Schenkel.

Dann kann der Reiter kurzfristig den Pferdehals so weit nach innen stellen, dass dem Pferd dies unangenehm wird und es mit der Hinterhand in die Gegenrichtung ausweicht. Nach dem ersten Tritt seitwärts loben und alle Hilfen aussetzen, dann erst den zweiten fordern. (Diese Übung dient im Prinzip auch zum Lehren der Hilfe des Schenkeldrucks beim jungen Pferd, welches die Bedeutung der Schenkelhilfen noch nicht kennt.)

Der logische Zusammenhang zwischen Vorhandwendung, Schenkelweichen und Schulterherein

In der Vorhandwendung lernt das Pferd, auf den seitwärts treibenden und verwahrenden Schenkel zu reagieren. Im Schenkelweichen wird diese Reaktion verfeinert und im Schulterherein wird die Gymnastizierung des inneren Hinterbeines in der Biegung betrieben.

Verschiedene Übungsfolgen, die Schenkelweichen und Vorhandwendung kombinieren, können die Koordination der aktiven und passiven Zügel- und Schenkelhilfen verbessern.

Beispiel Koordinationsübung

(Übung an der langen Seite auf dem zweiten Hufschlag): Schenkelweichen –> Hinterhand immer weiter herumtreiben, Vorwärts immer weiter begrenzen bis zum Halten –> Vorhandwendung –> Schenkelweichen nach der anderen Seite (siehe Zeichnung oben).

Innen oder außen sitzen im Schulterherein? Der Streit um die Ausrichtung und den Sitz des Reiters sowie Stärke und Art der Einwirkung

Es gibt eine leichtere und eine schwerere (im Sinne von »energieaufwändiger«) Version.

schwerer: Gewicht des Reiters auf dem inneren Gesäßknochen (Sitz gegen die Bewegungsrichtung). Das Pferd will unter das Reitergewicht laufen, also nach innen abwenden und der Reiter muss diese Tendenz mit vermehrtem Einsatz von innerem Schenkel und äußerem Zügel wieder verhindern. Das bedeutet einen unnötig starken Einsatz von Hilfen und damit Verschwendung von Kraft und Energie. Es gibt jedoch einen Fall, wo es sinnvoll sein kann, etwas mehr innen zu sitzen; dann nämlich, wenn das Pferd zu eilig wird und dem Reiter weglaufen will. Dabei ist dann jedoch ein besonders gut kontrollierender äußerer Zügel notwendig.

leichter: Gewicht des Reiters auf dem äußeren Gesäßknochen (Sitz in Bewegungsrichtung): Das Pferd läuft unter das Gewicht des Reiters, der Reiter muss nur die Biegung mit dem inneren Schenkel

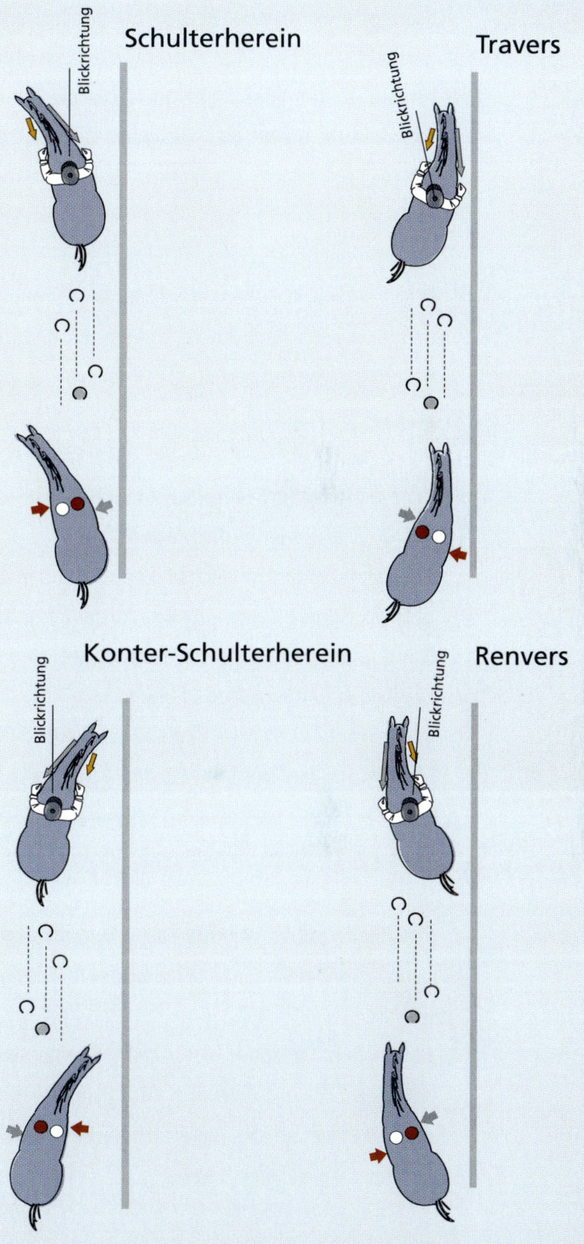

Übersicht der Seitengänge in der Variante auf drei Hufschlägen mit den jeweiligen Ausrichtungen (Blickrichtungen) des Reiters.

erhalten. In dieser leichteren Version sollte das Schulterherein in zwei Phasen aufgeteilt werden. (siehe Abschnitt 4 – Was muss geändert werden?). **Im Sinne der Gleichgewichtstheorie (= das Pferd läuft unter das Gewicht des Reiters) ist diese Version logischer,** da der Reiter in Bewegungsrichtung sitzt und nur das Pferd gegen die Bewegungsrichtung stellt und biegt.

Wenn in diesem Buch von Schulterherein und seinen »segensreichen« Auswirkungen auf Koordination und Gymnastizierung die Rede ist, ist diese Variante gemeint.

Schenkelweichen, Schultervor, Schulterherein auf drei oder vier Hufschlägen?

Alle Varianten sind möglich und erlaubt und je nach beabsichtigtem Zweck sowie Ausbildungsstand bzw. Problemen des Pferdes einzusetzen!

Bei jungen, untrainierten Pferden, nach »Bekanntmachung« des seitwärts treibenden inneren Schenkels im Schenkelweichen, ist das Schultervor der Einstieg in die eigentlichen Seitengänge (Schulterherein, Konterschulterherein, Travers, Renvers und Taversale).

Schultervor ist die Vorstufe des Schulterherein mit minimaler Abstellung der Schulter des Pferdes nach innen.

Die beiden Varianten des Schulterherein unterscheiden sich nur hinsichtlich ihrer gymnastizierenden Wirkung auf das innere Hinterbein und der Dehnung der äußeren Seite.

Beim Schulterherein auf drei Hufschlägen tritt das innere Hinterbein in die Spur des äußeren Vorderbeins. Es tritt relativ weit vor unter den Schwerpunkt von Reiter und Pferd und nimmt deswegen sehr viel Last auf. Die Rippenbiegung und Dehnung der äußeren Seite ist jedoch weniger stark als beim Schulterherein auf vier Hufschlägen.

Beim Schulterherein auf vier Hufschlägen tritt das innere Hinterbein neben die Spur des äußeren Vorderbeines.

Das Pferd ist stärker gebogen als auf drei Hufschlägen – die Dehnung der äußeren Seite deswegen stärker. Das innere Hinterbein tritt hinter dem Schwerpunkt von Reiter und Pferd seitlich vorbei und nimmt deswegen weniger Last auf als beim Schulterherein auf drei Hufschlägen.

Je nachdem, was dem Reiter wichtiger ist – Dehnung außen oder Lastaufnahme des inneren Hinterbeines – wählt er die Abstellung.

Wichtig bei jeder Art von Abstellung oder Biegung ist allerdings die Gleichmäßigkeit. Die gesamte

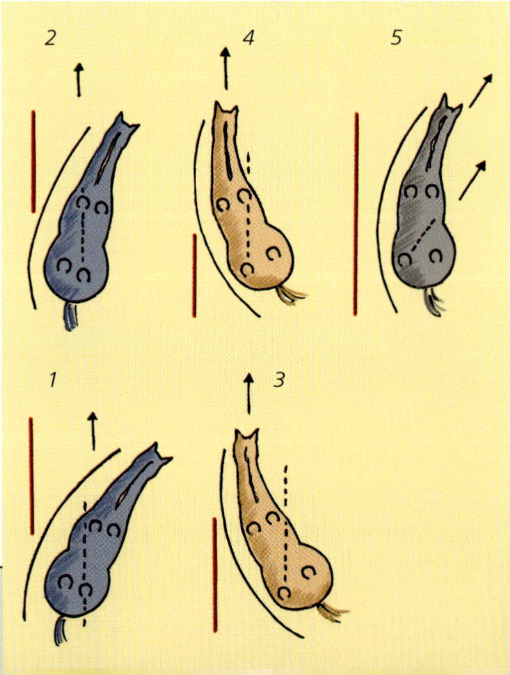

Auf drei oder vier Hufschlägen:
1 Schulterherein auf vier Hufschlägen
2 Schulterherein auf drei Hufschlägen
3 Travers auf vier Hufschlägen
4 Travers auf drei Hufschlägen

5 Traversale mit diagonaler Bewegungsrichtung

von oben nach unten: Bewegungsphasen des Schulterherein mit guter Ausrichtung der Reiterin. Das Pferd ist aufmerksam und locker und steht gut am äußeren Zügel. Die Reiterin sitzt mit minimaler Spannung und trägt die Hand frei.

Längsachse des Pferdes muss gleichmäßig stark gebogen sein. Unterbrechungen dieses seitlichen Spannungsbogens machen die Lektion im Sinne von Gymnastizierung und Koordination sinnlos.

Die häufigsten Fehler des Reiters:

Nicht wissen, wo man hin will. Keine Orientierung im Raum. Dem Pferd auf den Widerrist schauen statt in die Richtung, in die man reiten will.

Nach innen herunterschauen (Blickrichtung nicht in Bewegungsrichtung, keine Ausrichtung).

Einknicken nach innen in Hüfte oder HWS.

Der Kardinalfehler: Das Pferd am inneren Zügel nach innen hereinziehen wollen.

Das Pferd mit dem angenommenen inneren Zügel in der Abstellung halten wollen: kein Nachgeben

Reiterfehler: nach vorn aus dem Sitz heraus-kippen (hier in der Vorhandwendung)

am inneren Zügel, zu langes Festhalten des inneren Zügels nach dem Stellen.

Der innere Zügel ist zu lang, so dass die innere Hand zu stark nach hinten wirken muss.

Zu wenig äußerer Zügel, keine Kontrolle, keine sensible Verbindung am äußeren Zügel.

Klemmen mit dem inneren Schenkel.

Zu viel Druck im Bügel – Heraushebeln nach oben aus dem Sitz.

Nach vorn kippen, beide Sitzknochen »verlieren«, auf dem Oberschenkel sitzen.

Verdrehen des Oberkörpers, so dass ein anderer als der beabsichtigte Gesäßknochen belastet wird.

Die häufigsten Ausweichmanöver des Pferdes:

Das Pferd läuft über die äußere Schulter weg und stellt nur den Hals nach innen herein.

Das Pferd kommt immer weiter nach innen in die Bahn herein.

Zu starke Seitwärtsbewegung, das innere Hinterbein tritt am Schwerpunkt vorbei und nimmt keine Last auf. Oder das Pferd klemmt in der Seitwärtsbewegung, weil es keine Vorwärtstendenz mehr hat.

4. Verbesserungsvorschläge – Korrekturen – Fehlerbehebung

Was sollte geändert werden und wie muss es geändert werden?

Erleichterung der Lektion: Schulterherein in zwei Phasen aufteilen:

»Umschalten von innen nach außen«

Phase 1: Abwenden mit den »inneren Hilfen«

Der Reiter tut so, als wolle er abwenden – mit den normalen Hilfen fürs Abwenden: Gewicht auf dem inneren Gesäßknochen, innere Hüfte vor, Blickrichtung in Bewegungsrichtung (Kopfdrehung nach innen), Stellung des Pferdes nach innen (seitwärts wirkender innerer Zügel), Biegung des Pferdes um den inneren Schenkel. Der äußere Zügel gibt so viel nach, dass das Pferd den Hals nach innen stellen kann, hält jedoch kontrollierende Verbindung (»Gummiband«).

Diese Phase dauert so lange, bis das Pferd die Schulter in einem Winkel von etwa 45 bis 55 Grad vom vormaligen Hufschlag nach innen hereingenommen hat (daher der Name: die **Schulter** wird nach innen **herein** gestellt).

In der Praxis geht das sehr schnell – innerhalb von 3–4 Tritten des Pferdes – und der Reiter muss aufpassen, dass er die Phase des Umschaltens nicht verpasst.

Schulterherein im Trab mit Ausrichtung und Kopfdrehung in Bewegungsrichtung.

oben: Der Kardinalfehler: das Pferd am inneren Zügel in die Bahn hereinziehen wollen. Das Pferd klappt sich im Hals zusammen und läuft über die äußere Schulter geradeaus weiter (hier ist zudem der innere Schenkel viel zu weit hinten).
Mitte: Hier ist zwar auch der innere Schenkel viel zu weit hinten, jedoch sind Pferd und Reiterin gut ausgerichtet und die innere Hand hält sensible Verbindung zum Pferdemaul.
unten: Der zu weit hinten eingesetzte Schenkel macht das Becken steif. Die Reiterin muss mit zu viel Energie ihr Gewicht hinten halten. Ansonsten ist die Ausrichtung von Pferd und Reiterin hier gut.

unten links: Das Pferd ist verstellt im Genick. Der äußere Zügel kontrolliert nicht genug, der innere ist zu starr.

Phase 2: Umschalten auf die »äußeren Hilfen«

Das Pferd ist jetzt in der für das Schulterherein richtigen Stellung; es soll jedoch nun nicht weiter nach innen abwenden, sondern »gebogen geradeaus gehen«, also mit den Hinterbeinen auf dem Hufschlag bleiben und mit den Vorderbeinen versetzt auf dem zweiten Hufschlag gehen.

Dieses Umschalten ist der kritischste Moment des ganzen Schulterherein, denn es muss schnell, kontrolliert und trotzdem ruhig geschehen. Hektische Betriebsamkeit bringt nur Verwirrung.

Schulterherein

Beim Umschalten wechselt der Reiter seine Ausrichtung, schaut nach außen auf die Linie, auf der die Hinterbeine des Pferdes bleiben sollen, erhält jedoch die Innenstellung des Pferdes mit kurzen seitwärts wirkenden Impulsen des stellenden inneren Zügels. Der äußere Zügel ist nun dafür zuständig, Stellung, Biegung und Abstellung vom Hufschlag zu begrenzen (Kontrollzügel). Seine kontrollierende Wirkung wird durch kurze Paraden verstärkt.

Der innere Schenkel treibt in der Umschaltphase in der »Intervalltechnik« seitwärts. Er wirkt auf das innere Hinterbein und biegt das Pferd. Der äußere Schenkel verhindert das Ausfallen der Hinterhand nach außen und erhält die Biegung. Er liegt etwas weiter hinten.

(Die Lage der Schenkel im Schulterherein, im Travers und in der Traversale ist prinzipiell die gleiche – nur die Ausrichtung des Reiter-Oberkörpers ist unterschiedlich.)

Hat das Pferd begriffen, dass es gebogen geradeaus gehen soll, so kann es der Reiter später fast ausschließlich über äußeren Zügel und Ausrichtung auf die Bewegungsrichtung (Sitz leicht auf dem äußeren Gesäßknochen – dazu reicht die Kopfdrehung in Bewegungsrichtung) in dieser Stellung halten.

Korrekturmöglichkeiten der Hauptfehler:

Die verschiedenen Ausweichmanöver des Pferdes lassen sich prinzipiell auf nur zwei Grundprobleme zurückführen.

1. Das Pferd will sich vor der Längsbiegung drücken.

2. Das Pferd will das jeweils innere Hinterbein nicht belasten und in den Gelenken nicht beugen.

Beides sind Gymnastizierungsprobleme, die durch vermehrte Biegearbeit in einfachen Wendungen sowie auch durch das Schulterherein selbst (jedoch nur im Schritt durch einen gut koordinierten Reiter) behoben werden können.

Grundprobleme erkennen und richtig gegensteuern:

Das Pferd will sich gerade stellen und in der Längsachse nicht biegen.

- **A Es knickt im Hals nach innen ab (Unterbrechung des »seitlichen Spannungsbogens«) und drängelt dabei über die äußere Schulter nach außen. Es nimmt die Schulter nicht nach innen herein.**

Der Reiter muss den äußeren Zügel besser kontrollierend einsetzen, um die gleichmäßige Längsbiegung zu erhalten bzw. wieder herzustellen.

Es gilt prinzipiell: Drängelt das Pferd nach außen weg, müssen die Paraden am äußeren Zügel verstärkt werden.

Innen loslassen und außen verstärkt annehmen, wenn das Pferd über die Schulter wegdrängelt.

Schulterherein auf dem Zirkel
oben: zu stark gestellt.
Mitte: Die Reiterin versucht, das Pferd mit der inneren Hand festzuhalten.
unten: Das Pferd tritt gut hinten über, die Reiterin hängt jedoch mit dem Oberkörper etwas zu sehr nach innen – das Pferd folgt mit der Nase. (Reiteroberkörper und Pferdekopf haben von vorn betrachtet die gleiche Schräglage.)

Das klingt zwar erst einmal paradox, wird jedoch verständlicher, wenn man sich klar macht, dass ein stärkeres Annehmen des äußeren Zügels insbesondere die äußere Schulter des Pferdes kontrolliert und es ihm erschwert, durch Abknicken im Hals nach innen den »seitlichen Spannungsbogen« zu unterbrechen.

Er kann das Pferd auch kurzfristig in Außen/Konterstellung reiten (siehe auch »Stellungswechsel«). Dabei muss er jedoch deutlich in der jeweils beabsichtigten Bewegungsrichtung sitzen! Er darf auf keinen Fall am inneren Zügel (nach hinten) ziehen bzw. die Vorhand mit dem festgehaltenen inneren Zügel innen halten wollen. Stattdessen kann es sogar sinnvoll sein, innen total loszulassen, um das Pferd besser an den kontrollierenden äußeren Zügel zu stellen.

Und noch ein wichtiger Punkt, der allgemein beim Reiten auf gebogenen Linien berücksichtigt werden muss und der auch beim Schulterherein als Sonderform der Biegung von Bedeutung ist: Der Reiter muss vor jeder Korrektur zuerst seinen Schwerpunkt über den des Pferdes bringen. Das bedeutet im Klartext: Er darf seinen Oberkörper nicht einfach in die beabsichtigte Bewegungsrichtung verdrehen oder herüberhängen, wenn das Pferd aus dieser Richtung wegdrängelt (siehe auch »Gewichtsverlagerung in Wendungen«). Würde er das tun, würde er die Tendenz des Pferdes nach außen noch verstärken, denn durch die Verdrehung käme sein Gewicht immer mehr auf den äußeren Gesäßknochen – dahin, wohin das Pferd sowieso ausweicht.

Drängt das Pferd nun über die äußere Schulter weg, so kann der Reiter also seinen Oberkörper nicht einfach nach innen drehen und darauf warten, dass das Pferd seiner Ausrichtung folgt, sondern muss erst durch Blickrichtung nach außen der Außentendenz des Pferdes folgen und seinen eigenen Schwerpunkt über den des Pferdes bringen. Erst, wenn beide Schwerpunkte wieder übereinander liegen, kann die Korrektur ansetzen, die mit der 1. Phase (= einfache Wendung nach innen) beginnt.

Es gilt: Wenn sich die Schwerpunkte von Reiter und Pferd zu Anfang einer Lektion oder Korrektur nicht übereinander befinden, kann das Pferd der Gewichtsverlagerung des Reiters nicht folgen.

■ **B Das Pferd kippt mit nach außen gestelltem Hals über die innere Schulter nach innen, spiralt sich in eine immer engere Wendung hinein und bleibt dabei in der Längsachse gerade wie ein Brett.**

Es belastet dabei die innere Schulter sehr stark, drückt sie praktisch in den Boden und drückt den Unterhals hoch.

In diesem Fall muss zuerst eine Biegung erreicht werden. Die innere Schulter des Pferdes muss »hochkommen«, frei werden; das Pferd darf nicht »auf die innere Schulter fallen«.

Der Reiter korrigiert, indem er das Pferd mit hoher, weit nach innen hereingenommener Hand mit zupfenden Impulsen stellt. Um eine Spirale nach innen zu vermeiden, bleibt er mit seinem Gewicht deutlich außen und lässt den äußeren Zügel verwahrend dran.

Das Prinzip dahinter

Die Korrekturmaßnahmen der Fehler A und B lassen sich auf ein einfaches Prinzip reduzieren: **Das Pferd wird in die Richtung gestellt, in die es ausweicht** (zumindest wird die Wirkung des Zügels auf dieser Seite deutlich verstärkt). **Das Gewicht des Reiters kommt auf die entgegengesetzte Seite.**

Dieses Grundprinzip gilt in der einen oder anderen Modifikation für alle Korrekturmaßnahmen, die Stellung, Biegung, Ausrichtung und Geraderichten betreffen (siehe auch »Biegung«).

■ **C Das Pferd tritt zu stark seitwärts. Das innere Hinterbein will kein Gewicht aufnehmen und tritt nicht genug vor (tritt deutlich hinter dem Schwerpunkt seitwärts).**

In diesem Fall ist es wichtig, die Vorwärtsbewegung des Pferdes zu erhalten (Vortreten). Das Pferd muss jeweils nach ein paar Tritten Schulterherein nach vorwärts herausgelassen oder geschickt werden – und auf die Linie eingestellt werden, auf der sich die Hinterhand bewegen soll (**Vorwärtskorrektur**). Das kann die Zirkellinie oder auch die ganze Bahn sein, je nachdem, auf welcher Linie man das Schulterherein reitet.

Also z.B. zwei Tritte Schulterherein, auf den Hufschlag einstellen, ein paar Tritte vorwärts reiten, dann wieder Phase 1 = abwenden, umschalten, zwei bis drei Tritte Schulterherein, auf den Hufschlag einstellen und vorwärts usw.

Bei unerfahrenen Pferden oder solchen mit Korrekturbedarf bedeutet das für den Reiter ein schnelles situationsbedingtes Hin- und Herschalten zwischen inneren und äußeren Hilfen, zwischen Abwenden, Seitwärtstreten und Vorwärtskorrektur.

Starke Abstellung: Das Pferd tritt gut über; bei einer starken Abstellung kann es jedoch immer passieren, dass das Pferd sich »festklemmt« und im Bewegungsfluss stockt.

Blickrichtung in Bewegungsrichtung: Auf beiden Bildern ist die äußere Schulter der Reiterin etwas zu stark zurückgenommen, der Oberkörper leicht verdreht. Prinzipiell sollte die Reiterschulter parallel zur Pferdeschulter sein.

Dazu ist es Ausschlag gebend, keine unnötige Spannung im Sitz und vor allem in Hand und Arm zu haben, denn sonst gehen die feineren Signale des Pferdes in der Spannung unter.

Richtig gerittenes Schulterherein erfordert nur noch eine zweckmäßige Ausrichtung des Reitersitzes.

Der innere Stellungszügel und auch der innere Schenkel werden während der Übung zunehmend bedeutungslos.

Die »Aussteuerung« erfolgt über den Sitz (Blickrichtung in Bewegungsrichtung) und über den äußeren Kontrollzügel.

Zweckmäßige Gangart

Zum Üben des Schulterherein ist immer zuerst der Schritt Pflichtgangart. Erst, wenn die perfekte Aussteuerung mit der Kontrolle am äußeren Zügel im Schritt gelingt und das Pferd gleichmäßig wie ein Uhrwerk eine lange Seite bewältigt, sollte mit dem Trab begonnen werden.

Bei Pferden mit Rückenproblemen kann das Schulterherein (wie alle anderen Seitengänge) auch im Leichttraben geritten werden. Das ist für den Reiter etwas gewöhnungsbedürftig und auch schwerer als die ausgesessene Variante, kann aber verhindern, dass das Pferd den Rücken festhält und nicht genug mit der Hinterhand vortritt.

Für fortgeschrittenere Reiter und Pferde ist der Trab im Prinzip die Ausbildungsgangart schlechthin, weil er mehr Schwung mitbringt als der Schritt. Alle

Schulterherein mit Widerstand: Das Pferd drückt den Unterhals heraus und versteift die Schulter.

Die Vorstufe zum Schulterherein: das Schultervor mit sehr wenig Abstellung.

Seitengänge, die im Schritt klappen, können im Trab ausgefeilt und schließlich im Galopp überprüft und perfektioniert werden.

Auf dem Zirkel oder an der langen Seite? Mit oder ohne Anlehnung an die Bande?

Schulterherein kann praktisch überall geritten werden. Je nach den speziellen Problemen von Reiter und/oder Pferd können verschiedene Varianten ausgeführt werden.

Wenn es um korrekte Aussteuerung und Gleichmäßigkeit geht, bietet sich die lange Seite an. Die Hinterhand darf den Hufschlag nicht verlassen. Der Reiter kann an der langen Seite schnell merken, wenn ihm das Pferd nach vorne (in die Bahn hinein) wegläuft oder über die Schulter ausweicht. Die Orientierung im Raum ist für den Reiter relativ leicht.

Wenn das Pferd dazu neigt, mit der Schulter an der Bande zu kleben, so kann die Übung auf der Mittellinie geritten werden. Dazu muss der Reiter den Mittelpunkt der kurzen Seite fixieren und mit dem gebogenen Pferd »schnurgerade« darauf zu reiten. D.h. er muss darauf achten, dass alle drei (bzw. vier) Hufspuren in sich gerade sind. Wenn er seinen fixierten Punkt an der kurzen Seite aus den Augen verliert, haben er und das Pferd die Richtung verloren.

Schulterherein auf dem Zirkel ist angebracht, wenn der Reiter lernen soll, sich besser im Raum zu orientieren oder er viel zwischen Konterstellung und Innenstellung hin und her schalten will, ohne jeweils in den Ecken den Bewegungsfluss zu unterbrechen (siehe auch Stellungswechsel).

Prinzipiell kann man das Schulterherein auch durch die Ecke hindurch fortsetzen. Es erfordert dann

Konterschulterherein mit guter Ausrichtung. Übertreten vorne

Konterschulterherein mit guter Ausrichtung. Das linke Vorderbein greift vorwärts-seitwärts aus.

Korrektur durch Anheben der inneren Hand nach vorn-oben, wenn sich das Pferd auf die Hand legen will oder hinter die Senkrechte kippt.

jedoch eine Neu-Ausrichtung. Als Koordinationsübung zur Schulung der korrekten Blickrichtung des Reiters ist dies gut geeignet.

Konterschulterherein, Außenstellung

Reitet man das Schulterherein mit Stellung zur Bande bzw. in Außenstellung auf dem Zirkel, so heißt es Konterschulterherein.

Insbesondere auf dem Zirkel an der offenen Seite ist das Konterschulterherein eine gute Übung, um die richtige Ausrichtung des Reiters in Bewegungsrichtung zu erreichen. Sitzt der Reiter nicht deutlich auf seinem äußeren Gesäßknochen (Richtung Innenseite des Zirkels), so läuft ihm das Pferd in Richtung seiner Stellung weg (wechselt aus dem Zirkel).

Das Pferd lernt, Blickrichtung und Bewegungsrichtung zu trennen und der Gewichtsverlagerung des

Reiters in allen Lebenslagen zu vertrauen. Wenn es trotz Außenstellung und -biegung korrekt auf der Zirkellinie bleibt, so ist dies ein Zeichen dafür, dass es gut »unter das Gewicht des Reiters läuft«, sich also immer richtig unter dem Reitergewicht ausbalanciert. Es steht sauber an den Hilfen (siehe auch Außenstellung im Abschnitt Travers).

Läuft das Pferd dem Reiter zu sehr nach vorne weg, kann es sinnvoll sein, kurzfristig zum Schenkelweichen zurückzukehren und die Bande als Hilfsmittel zur Begrenzung nach vorn einzusetzen.

5 Übungen für den Reiter (mit und ohne Pferd, Übungen nach Feldenkrais) und gerittene Lektionen (für Reiter und Pferd), die eine Verbesserung bewirken können.

Die Übungen auf dem Stuhl, die dem Reiter bewusst machen, auf welchem Gesäßknochen er sitzt.

Gerittene Vorübungen: viele Richtungswechsel mit der Kopfdrehung steuern (Schlangenlinien, Figur 8 = ständige Wechsel aus dem Zirkel, etc.)

Auf dem Zirkel reiten und dabei den inneren Arm senkrecht nach oben strecken –> bringt den Reiter sauber auf den inneren Gesäßknochen und richtet ihn im Oberkörper auf.

Einfache Stellungswechsel

Häufige Wechsel von Konterschulterherein und Schulterherein (nötigenfalls auch Schenkelweichen) fördern die Koordination von Reiter und Pferd und die Aufmerksamkeit des Pferdes auf die Hilfen des Reiters. Der Stellungswechsel wird im nächsten Kapitel (Travers und Renvers) noch ausführlicher behandelt, denn diese beiden Lektionen können gut im Wechsel mit dem Schulterherein geritten werden.

Gangartenwechsel und Paraden innerhalb des Schulterhereins

Das Wechseln der Gangart innerhalb der Schulterhereinstellung ist eine weitere gute Koordinationsübung. Aus dem Schritt antraben oder aus dem Trab zum Schritt durchparieren, ohne die Stellung und Ausrichtung aufzugeben. Und schließlich sogar aus dem Schulterherein im Schritt oder Trab anhalten und wieder anreiten bzw. antraben.

Schulterherein am Halfter (der Trensenzügel hängt lose): Das Pferd wird nur durch die Ausrichtung der Reiterin gelenkt. Dieser spanische Hengst wurde zur »Nervenberuhigung« probeweise auf Halfter geritten, da er mit Trense oder Kandare im Maul nur zwei Bewegungsmuster kannte: Piaffe und Passage – die beiden Lektionen, die den spanischen Pferdebesitzern am wichtigsten sind, weil sie damit »Show« machen können.

1 Lektionen

Travers und Renvers, Traversalen, Hinterhandwendungen und Pirouetten

2 Wozu ist das gut? Wem dient es? Wie sieht es richtig aus?

Travers und Renvers sind ein ähnliches Paar wie Schulterherein und Konterschulterherein.
Travers wird auch »Kruppeherein« genannt; dieser Begriff beschreibt deutlicher, was in der Übung eigentlich passiert: Das Pferd stellt die Kruppe nach innen in die Bahn herein. Es läuft dabei wieder »gebogen geradeaus« auf drei Hufschlägen, wie beim Schulterherein – nur eben mit der Vorhand außen und mit der Hinterhand innen. Auch die stärkere Abstellung mit vier Hufschlägen ist möglich.
Renvers ist Travers in Konterstellung.

Beim Travers ist das Pferd in Bewegungsrichtung gestellt und gebogen. Der Reiter schaut und sitzt in Bewegungsrichtung. Innere Hüfte und innerer Gesäßknochen sind leicht vorgeschoben.

Im Travers wird die äußere Seite des Pferdes stärker gedehnt als im Schulterherein, das äußere Hinterbein tritt vermehrt unter den Schwerpunkt und nimmt dementsprechend mehr Last auf.

Die Traversale unterscheidet sich vom Travers in der Bewegungsrichtung des Pferdes.
Bewegen sich beim Travers Vor- und Hinterhand des Pferdes auf zwei nebeneinander liegenden geraden Linien (oder zwei Radien beim Travers auf dem Zirkel), so bewegt sich das Pferd in der Traversale diagonal vorwärts-seitwärts.
Der Reiter schaut und sitzt wie beim Travers in Bewegungsrichtung.

Travers an der langen Seite: Still sitzen und gut in die Bewegungsrichtung ausrichten.

Die Traversale erfordert ein gewisses Maß an Aufrichtung und Schulterfreiheit des Pferdes. Beides ist nur mit einer guten Kontrolle am äußeren Zügel möglich.

Travers & Traversalen

Die Traversale erfordert die stärkste Dehnung der äußeren Seite des Pferdes und den stärksten Bewegungsimpuls aus dem äußeren Hinterbein. Um sie wirklich schwungvoll zu reiten, muss zudem das Pferd eine gewisse Versammlung erreicht haben, damit die Schulter frei ist. Deswegen steht sie bei den Seitengängen auch am oberen Ende der Schwierigkeits-Skala.

Travers, Renvers und Traversalen können in allen Gangarten geritten werden.

Wie jede richtig gerittene Lektion werden sie hauptsächlich über den äußeren Zügel und die Gewichtsverlagerung gesteuert. Der Reiter »lockt das Pferd hinter seinem Gewicht her«, indem er den Kopf in die Bewegungsrichtung dreht und evtl. zusätzlich die innere Hüfte etwas nach vorne nimmt; er kontrolliert Abstellung und Ausrichtung des Pferdes am äußeren Zügel.

Die Hinterhandwendung und alle Arten von Pirouetten können prinzipiell als Sonderformen der Traversbewegung gesehen werden. Das Pferd bewegt sich dabei kaum noch vorwärts, sondern tritt mit dem inneren Hinterbein fast auf der Stelle und beschreibt mit der Vorhand einem Kreisbogen um das innere Hinterbein als Drehpunkt. Die Aussteuerung erfolgt wie bei der Traversale hauptsächlich mit dem äußerem Zügel. Der Reiter sitzt in Bewegungsrichtung und dreht den Kopf weit zur Seite. Der äußere Zügel begrenzt die Vorwärtsbewegung bis auf fast Null. Eine minimale Vorwärtstendenz soll jedoch in jeder Hinterhandwendung (HHW) und Pirouette vorhanden sein. Diese Vorwärtstendenz wird in der schwersten Form der HHW, der Galopp-Pirouette, schließlich weitgehend durch eine Aufwärtstendenz ersetzt. (Die nachfolgend beschriebenen Übungen im Quadrat basieren auf dieser Ähnlichkeit der Bewegungsabläufe.)

3 Fehler und Missverständnisse, Diskussionsbedarf

Bei allen Seitengängen mit in Bewegungsrichtung gebogenem Pferd ist es besonders wichtig, dass das Pferd die innere Schulter »oben lässt« und den

Alle Arten von Hinterhandwendungen und Pirouetten sind Vorwärts-Seitwärts-Lektionen mit Stellung in Bewegungsrichtung und erfordern eine ähnliche Hilfengebung wie die Traversbewegung:

Der Reiter sitzt und schaut in Bewegungsrichtung und kontrolliert am äußeren Zügel.
Die verschiedenen Lektionen unterscheiden sich hinsichtlich der Hilfen nur in Nuancen und im benötigten Versammlungsgrad des Pferdes.

Hinterhandwendung im Schritt ...

Wer bei den einfachen Wendungen – dem Reiten auf einfachen gebogenen Linien – sein Augenmerk nicht auf einen korrekt eingesetzten, kontrollierenden äußeren Zügel gelegt hat, wird sowohl bei den Seitengängen als auch bei den Hinterhandwendungen und Pirouetten in einer Sackgasse landen.

Hals frei trägt (siehe auch Versammlung). Das Pferd muss korrekt am äußeren Zügel stehen, fleißig und vor allem **freiwillig** aus der Hinterhand vortreten. Pferde, die nicht vorwärts gehen, sich auf die Hand legen, einrollen und kopflastig sind, werden immer den Schwung verlieren und den Reiter auf ihrem Rücken »verhungern« lassen. Wie ein Motor, dem nicht genug Sprit zur Verfügung steht, werden sie in der Bewegung »stottern« und schließlich einfach »ausgehen«.

Hauptfehler des Reiters

Der Reiter will das Pferd mit dem inneren Zügel in die Bewegung hineinziehen – in der schlimmeren Form mit dem rückwärts ziehenden Zügel, in der weniger schlimmen Form mit zu starker seitlicher Wirkung. Resultat: zu starke Stellung, mangelnde Schulterfreiheit des Pferdes, das Pferd kippt über die Schulter in die Bewegung hinein oder drückt die Schulter »in den Boden« und klemmt in der Bewegung. Die Hinterhand bleibt auf der äußeren Seite hängen.

In der Sonderform der Hinterhandwendung oder Pirouette fällt die Hinterhand nach der äußeren Seite aus, wenn der Reiter einfach am inneren Zügel zieht. Das Pferd führt dann eher eine »Mittelhandwendung« aus.

Der Reiter macht das Pferd im Hals zu eng, »stellt es auf den Kopf«. Resultat: das Pferd klemmt in der Bewegung aufgrund mangelnder Schulterfreiheit.

Der Reiter will das Pferd mit dem äußeren Schenkel in die Bewegung hinein drücken. Resultat: Das Gewicht kommt leicht auf den äußeren Gesäßknochen.

Der Reiter hängt sein Gewicht zu sehr in Bewegungsrichtung: Die Schwerpunkte von Pferd und

... im Trab (Spin des Westernpferdes) ...

... und im Galopp

Reiter klaffen auseinander; das Pferd kann dem Reitergewicht nicht schnell genug folgen.

Der Reiter knickt im Hals oder in der Hüfte in Bewegungsrichtung ein oder drückt die innere Schulter herunter: sein Gewicht kommt auf den äußeren Gesäßknochen.

Die Ausweichmanöver des Pferdes

Das Pferd verstellt sich im Genick; es nimmt die Nase in Bewegungsrichtung und kippt das Genick nach außen. Damit unterbricht es den Spannungsbogen.

Das Pferd kommt zu tief, rollt sich ein; die Paraden des Reiters laufen ins Leere, die Schulter ist nicht frei zum seitlichen Ausgreifen.

Das Pferd hält die innere Schulter fest; es verliert den Takt.

Das äußere Hinterbein tritt nicht genug vor und unter: auch dabei verliert das Pferd den Takt. Insbesondere die Traversale wird schleppend und kopflastig.

Bei der Hinterhandwendung /Pirouette fällt es mit der Hinterhand nach außen aus (weil es mit dem inneren Hinterbein nicht genug Gewicht aufnehmen will – oder kann).

4 Korrekturmöglichkeiten

Ganz wichtig bei allen Vorwärts-Seitwärts-Lektionen mit Stellung in Bewegungsrichtung ist die Energie aus der Hinterhand des Pferdes sowie der korrekte Einsatz des Reitergewichtes und des äußeren Zügels. Wer nicht bei den einfachen Wendungen – spätestens aber im Schulterherein – gelernt hat, sein Pferd am äußeren Zügel in eine Wendung zu führen, wird sich und sein Pferd bei diesen komplexeren Lektionen hoffnungslos »festfahren«. Insbesondere der innen ziehende Zügel blockiert sowohl Aufwärtstendenz (Versammlung) als auch Schulterfreiheit des Pferdes.

Zudem muss das Pferd durch gute Grundgymnastizierung in der Lage sein, vermehrt Gewicht mit den

Hinterhandwendung: Die innere Hand ist oben, um das Pferd daran zu hindern, die innere Schulter herunterzudrücken.

Hinterhandwendung: Die innere Schulter des Pferdes ist locker, die innere Hand sinkt.

Hinterbeinen aufzunehmen (siehe Tragkraft und Versammlung).

Energie aus der Hinterhand des Pferdes und einen freien Pferderücken erzeugt man durch die Tempo- und Gangartenwechsel in Verbindung mit Anhalten und Rückwärtsrichten, wie sie schon in den Abschnitten »Resensibilisierung« und »Tempounterschiede« beschriebenen wurden. Übungen wie Trab-Anhalten-Antraben und Trab-Anhalten-Rückwärts-Antraben, oder auch Galopp-Anhalten-Rückwärts-Angaloppieren setzen das Pferd auf die Hinterhand und bringen es weg von der Hand.

Das Reiten in Außenstellung und die nachfolgend beschriebenen **»Stellungswechsel«** in den verschiedenen Seitengängen können sowohl den Reiter als auch das Pferd aus der starken Abhängigkeit von der Zügeleinwirkung befreien und stärker auf die Gewichtshilfen sensibilisieren – insbesondere können sie beide »vom inneren Zügel wegbringen«.

Traversale: Das Pferd steht am äußeren Zügel und tritt gut über. Es ist jedoch nicht ganz losgelassen und zeigt die Zähne.

5 Gerittene Übungen und Lektionen

Das Reiten in Außenstellung und was man damit erreichen kann

(siehe auch Schulterherein und Stellungswechsel).

Besonders bei der Arbeit auf dem Zirkel ist das Wechseln der Stellung und Biegung des Pferdes nach außen sehr hilfreich. Es bringt folgende Vorteile:

Das Pferd lernt, dem Gewicht des Reiters zu folgen, nicht der Lenkung am Zügel.

Es wird sensibler auf die Gewichtshilfen, die Zügelhilfen können mit der Zeit immer weiter reduziert werden.

Der Wechsel von Innen- zu Außenzügel macht den Reiter auf einen vielleicht zu stark oder rückwärts wirkenden inneren Zügel aufmerksam, denn dieser muss soweit nachgegeben werden, dass sich das Pferd nach außen umstellen kann. Der Reiter wird gezwungen, seine Zügellänge immer wieder zu korrigieren bzw. zu ändern.

Traversale: gutes Übertreten des äußeren Beines, jedoch etwas zu viel Innenstellung, deswegen nicht die optimale Schulterfreiheit

Die Hinterhand des Pferdes kommt in der Außenstellung auf dem Zirkel nach innen; das Pferd kann also nicht mit der Hinterhand nach außen ausfallen. Insbesondere beim Zirkelverkleinern im Galopp mit Ziel Galopp-Pirouette kann die Außenstellung die Hinterhand innen halten.

Auch im Außengalopp auf dem Zirkel ist diese Kontrolle der Position der Hinterhand gegeben (siehe dort).

Die (äußere) Schulter des Pferdes auf der Innenseite des Zirkels wird frei und kann gut vortreten bzw. -springen.

Die 4 Hinterbeine des Pferdes

Ja, Sie haben richtig gelesen: das Pferd hat vier Hinterbeine, zwei innere und zwei äußere – zumindest was deren **Funktion** in der Biegung und in den Seitengängen betrifft. Das rechte Hinterbein kann sowohl das innere sein, wenn das Pferd rechts gebogen ist als auch das äußere, wenn das Pferd links gebogen ist. Genauso verhält es sich mit dem linken Hinterbein. Inneres und äußeres Hinterbein haben verschiedene Funktionen. Auf gebogenen Linien und im Schulterherein z.B. nimmt das innere Hinterbein mehr Last auf, muss mehr tragen. In den Traversbewegungen wird das äußere Hinterbein stärker gefordert. Es muss gegen den »Dehnungswiderstand« der äußeren Seite des Pferdes vorwärts-seitwärts unter den Pferdekörper treten, was eine erhöhte Geschmeidigkeit verlangt.

Die nachfolgend beschriebenen Stellungswechsel verlangen ständige »Funktionswechsel« der Hinterbeine. Das verhindert zum einen eine Überlastung eines Beines, wenn das Pferd zu lange in der gleichen Abstellung geritten wird und trägt zum anderen einem physiologischen Grundsatz Rechnung: Funktionell richtiges Training erfolgt über Spannung im Wechsel mit Entspannung.

Das Reiten in Außenstellung erfordert eine gute Ausrichtung des Reiters in Bewegungsrichtung.

Ausrichtung des Reiters in Bewegungsrichtung: mit der Kopfdrehung und dem Vorschieben von Schulter und Hüfte in Bewegungsrichtung.

Breite Zügelführung: gute Schulterfreiheit durch wenig Druck am inneren Zügel. Das innere Vorderbein greift weit seitwärts aus.

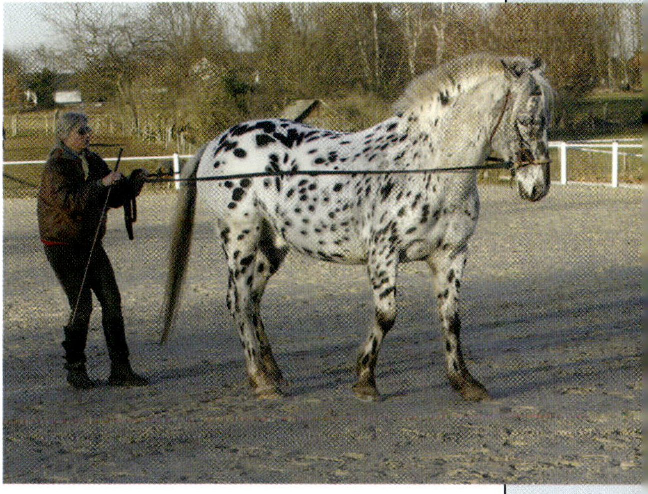

Auch am langen Zügel (und ohne Gebiss) funktioniert die Hinterhandwendung, wenn das Pferd gewohnt ist, sich mit dem äußeren Zügel kontrollieren und mit dem inneren stellen zu lassen.

Stellungswechsel in den Seitengängen

Wechsel zwischen Schulterherein und Travers, Renvers und Konterschulterherein.

Der häufige Wechsel von Stellung und Ausrichtung in den verschiedenen Seitengängen hilft dem Reiter, sich auf seinen Sitz zu konzentrieren (Gesäßknochen fühlen) und hält das Pferd aufmerksam an den Hilfen.

Alle Stellungswechsel können im Schritt, Trab und Galopp geritten werden, wobei der Galopp natürlich die »hohe Kunst« darstellt und ein gut versammeltes Pferd erfordert.

Wechsel zwischen Schulterherein und Travers

Der einfachste Wechsel ist der vom Schulterherein zum Travers und wieder zurück.

Beispiel Schulterherein auf der rechten Hand an der langen Seite mit Wechsel zum Travers:

Der Reiter sitzt im Schulterherein rechts minimal auf dem linken Gesäßknochen und schaut geradeaus in Bewegungsrichtung. Der äußere Schenkel liegt hinter dem Gurt, der innere am Gurt. Die Vorhand des Pferdes läuft auf dem zweiten Hufschlag, die Hinterhand auf dem Hufschlag. Der Reiter braucht nun nur seine Sitz-Ausrichtung zu verändern, um ins Travers zu wechseln. Dazu dreht er den Kopf nach innen, als ob er in die Bahn abwenden wollte, schiebt die innere Hüfte leicht vor (sitzt auf dem inneren Gesäßknochen) und führt die Vorhand des Pferdes durch Paraden am äußeren Zügel auf den Hufschlag zurück. **An der Biegung des Pferdes und an der Schenkellage des Reiters ändert sich nichts!** Deswegen kommt in der Folge der Ausrichtung die Vorhand auf den ersten Hufschlag, die Hinterhand des Pferdes auf den zweiten Hufschlag. Das Pferd ist genauso gebogen wie beim Schulterherein, hat jedoch die »Spuren« von Hinterhand und Vorhand gewechselt.

Will der Reiter wieder zurückwechseln ins Schulterherein, so führt er die Vorhand des Pferdes wieder nach innen, indem er einfach so tut, als wolle er in die Bahn abwenden (mit Kopfdrehung Richtung Mittellinie). Wieder ändert sich nichts an Schenkellage und Biegung des Pferdes. Die Hinterhand kommt auf den Hufschlag, das Pferd macht Anstalten, in die Bahn hinein abzuwenden. In diesem Moment schaltet der Reiter auf die zweite Phase des Schulterherein um (siehe: die 2 Phasen des Schulterherein = Umschalten auf die äußeren Hilfen), dreht den Kopf in die neue Bewegungsrichtung, kommt damit leicht auf den äußeren Gesäßknochen und verstärkt die Parade am äußeren Zügel. Dann befindet er sich wieder im Schulterherein.

Die Übung kann auch auf dem Zirkel geritten werden.

Sie ist sowohl auf der Geraden als auch auf dem Zirkel eine gute Koordinations- und Ausrichtungsübung für Reiter und Pferd.

Wechsel zwischen Schulterherein und Konterschulterherein

Der Wechsel vom Schulterherein zum Konterschulterherein erfordert eine Umstellung aller Hilfen und eine Neu-Ausrichtung des Reiters und des Pferdes. Als Beispiel beginnen wir wieder auf der rechten Hand an der langen Seite mit dem Schulterherein. Der Reiter sitzt leicht auf dem äußeren, linken Gesäßknochen, das Pferd ist rechts gebogen, die Vorhand läuft auf dem zweiten Hufschlag, die Hinterhand auf dem Hufschlag. Zur Umstellung muss nun zuerst das Pferd wieder geradeaus gerichtet werden. Das tut der Reiter sinnvollerweise auf dem zweiten Hufschlag, um später außen noch Platz für die Vorhand zu haben. Der Reiter führt also die Hinterhand auf den 2. Hufschlag und stellt das Pferd gerade. Dann stellt er das Pferd mit der Vorhand nach außen zur Bande und schaut wieder über die (neue) äußere Schulter des Pferdes (nun rechts) in die beabsichtigte Bewegungsrichtung. Er sitzt nun leicht auf dem rechten Gesäßknochen – das Pferd ist links gebogen. Dabei vertauscht er die Schenkellage. Der innere Schenkel liegt nun links am Gurt, der äußere rechts hinter dem Gurt.

Beim Zurückwechseln stellt der Reiter das Pferd wieder gerade, führt die Hinterhand auf den ersten Hufschlag zurück und beginnt erneut mit dem Hereinführen der Vorhand (siehe 1. Phase des Schulterherein).

Diese Wechsel erfordern sehr viel mehr »Umstellungsarbeit« als die Wechsel vom Travers zum Schulterherein. Auf dem Zirkel geritten, können sie in der Konterstellung sowohl als Korrektur gegen das Herausdrängeln des Pferdes über die Schulter als auch gegen das Ausfallen der Hinterhand eingesetzt werden.

Ein häufigeres Hin- und Herwechseln von beiden schaltet zwischen der stärkeren Belastung der beiden jeweils inneren Hinterbeine hin und her und fordert abwechselnd das rechte und linke Hinterbein zur vermehrten Lastaufnahme auf (siehe auch Kapitel Biegen und »Geraderichten«).

Wechsel zwischen Schulterherein und Renvers

Beim Wechsel vom Schulterherein zum Renvers bleibt die Abstellung des Pferdes vom Hufschlag gleich, die gedehnte Seite wechselt jedoch.

Wieder das Beispiel auf der rechten Hand an der langen Seite:

Wir beginnen im Schulterherein rechts; der Reiter sitzt leicht links, das Pferd ist rechts gebogen, die Vorhand weiter innen als die Hinterhand.

Nun stellt der Reiter das Pferd in der Längsachse gerade, erhält aber die Abstellung von der Bande. Das tut er, indem er den äußeren (linken) Zügel kurzfristig stärker annimmt und die diagonale Schenkellage aufgibt (beide Schenkel am Gurt).

Schulterherein auf dem Zirkel mit guter Ausrichtung von Reiterin und Pferd. Einzig der innere Schenkel könnte weiter vorn sein.

Nun gibt er am rechten Zügel nach und stellt das Pferd um nach links, nimmt den rechten Schenkel zurück und lässt den linken am Gurt. Seine Blickrichtung bleibt dabei geradeaus in Bewegungsrichtung; allerdings schaut er nun nicht mehr an der äußeren Schulter des Pferdes vorbei geradeaus, sondern an der inneren, denn das Pferd hat sich unter ihm neu ausgerichtet. Er bleibt vermehrt auf dem linken Gesäßknochen sitzen.

Nun befindet er sich im Renvers: geändert hat sich im Vergleich zum Schulterherein nur die Biegung des Pferdes und die Schenkellage des Reiters, ansonsten nichts.

Will er zurückwechseln ins Schulterherein, wird das Pferd bei Erhalt der Abstellung zuerst gerade und dann wieder umgestellt, die Schenkellage wechselt erneut, das Gewicht des Reiters bleibt leicht auf dem linken Gesäßknochen.

Wechsel zwischen Travers und Renvers

Der schwierigste Wechsel für die meisten ist sicher der vom Travers zum Renvers. Er beinhaltet im Prinzip als ersten Teil den Wechsel vom Travers zum Schulterherein. Danach kommt der Wechsel vom Schulterherein zum Renvers.

Wir beginnen wieder auf der rechten Hand – diesmal im Travers. Die Hinterhand des Pferdes befindet sich auf dem zweiten Hufschlag, die Vorhand auf dem ersten. Das Pferd ist rechts gebogen, der Reiter sitzt stärker auf dem rechten Gesäßknochen und schaut an der rechten (inneren) Schulter des Pferdes vorbei nach vorn, der rechte Schenkel liegt am Gurt, der linke hinter dem Gurt.

Will der Reiter ins Schulterherein wechseln, so führt er die Vorhand des Pferdes nach innen, indem er einfach so tut, als wolle er in die Bahn abwenden (mit Kopfdrehung Richtung Mittellinie). Es ändert sich noch nichts an Schenkellage und Biegung des Pferdes. Die Hinterhand kommt auf den Hufschlag, das Pferd macht Anstalten, in die Bahn hinein abzuwenden. In diesem Moment schaltet der Reiter auf die »äußeren Hilfen« des Schulterherein um, dreht den Kopf in die neue Bewegungsrichtung, kommt damit leicht auf den äußeren Gesäßknochen und verstärkt die Parade am äußeren Zügel. Jetzt befindet er sich im Schulterherein.

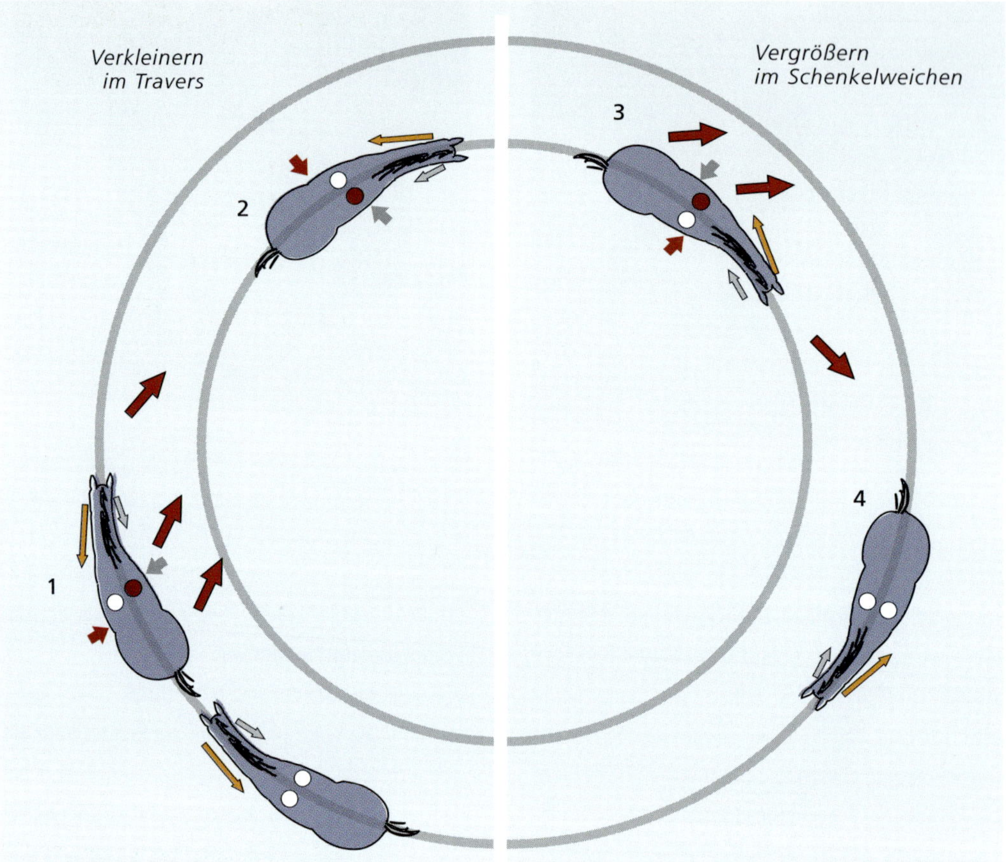

Zirkel verkleinern und vergößern

Nun kommt der Wechsel ins Renvers, wie schon beschrieben: Pferd in der Längsachse gerade stellen, Abstellung von der Bande erhalten. Umstellung des Pferdes nach links, Wechsel der Schenkellage (rechter Schenkel zurück, linker am Gurt), kein Gewichtswechsel.

Und das Ganze in umgekehrter Reihenfolge zurück: vom Renvers zum Schulterherein und vom Schulterherein zum Travers (s.o.).

Gangartenwechsel und Paraden zum Halten innerhalb der Seitengänge

Um etwas Schwung und Abwechslung in die Seitengänge zu bringen, können Sie auch Paraden zum Halten und Gangartenwechsel in eine lange Seite Schulterherein oder eine Traversale auf der Diagonalen einbauen. Um es nicht unnötig kompliziert zu machen, sollte der Galopp dabei ausgeklammert werden.

Beispiel: Schulterherein an der langen Seite, Parade zum Schritt und im Schulterherein weiterreiten; Parade zum Halten, im Schulterherein wieder anreiten im Schritt (oder Trab). Später kann auch aus dem Trab angehalten werden.

Das Gleiche funktioniert im Travers und in der Traversale.

Zirkel verkleinern und vergrößern

Eine gängige Übung ist das Verkleinern und Vergrößern des Zirkels – mit der Verkleinerung in der

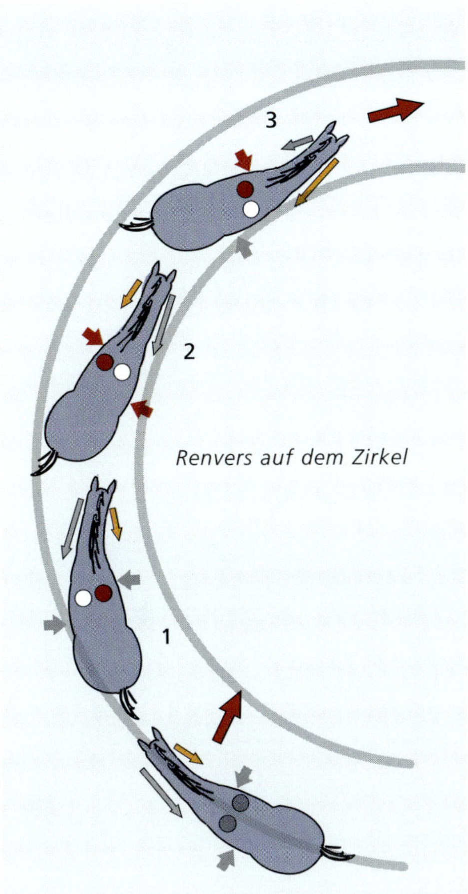

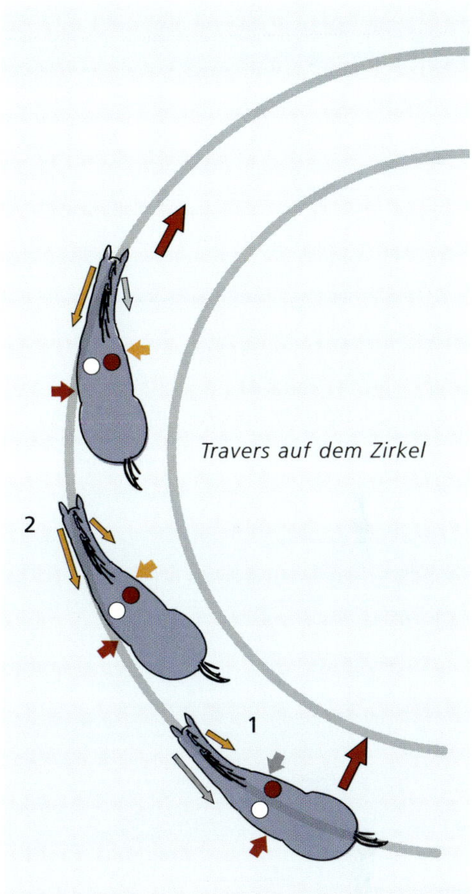

Traversbewegung und der Vergrößerung in der Schulterhereinbewegung oder auch im Schenkelweichen.

Hier »schaltet« der Reiter nur »seine Gewichtsverlagerung um« und lässt das Pferd nach innen oder außen folgen.

Travers und Renvers auf der Zirkellinie, Renversvolte

Wie auch zwischen Schulterherein und Konterschulterherein kann der Reiter zwischen Travers und Renvers auf der Zirkellinie wechseln.

Insbesondere die Renversstellung auf dem Zirkel ist interessant, da die Hinterhand des Pferdes dabei einen weiteren Weg zurücklegen muss als die Vorhand und dabei noch mit dem äußeren Hinterbein stärker vortreten. Das bedingt eine extreme Dehnung der äußeren Seite des Pferdes und somit eine deutliche Erhöhung der Geschmeidigkeit in der Biegung.

Diese Renversstellung wird bei den alten Meistern auch in der Volte verlangt und erfordert dort einen sehr hohen Grad an Flexibilität und Tragkraft der Hinterhand vom Pferd.

Das Quadrat

Das Quadrat stellt eine hervorragende Übung zur Verbesserung von Koordination, Ausrichtung und Aufmerksamkeit dar. Damit das Pferd nicht an der

Bande klebt, wird es mindestens 1,5 m von der Bande entfernt geritten.

Im Quadrat kann sowohl die richtige Gewichtsverlagerung des Reiters als auch die prompte Ausrichtung des Pferdes auf den Reiter überprüft und gefestigt werden. Für das Quadrat gibt es verschiedene Varianten – sie werden nachstehend erläutert. Es wird am Anfang im Schritt, später im Trab geritten. Für den Galopp eignen sich nicht alle Varianten des Quadrats.

Quadrat: Wechsel zwischen Geradeaus und Viertelpirouette in den Ecken (Grundform)

Der Reiter legt »vor seinem inneren Auge« ein Quadrat an. Es bietet sich an, die halbe Bahn als Grundlage zu nehmen und sich dann überall 1–2 m weit von der Bande entfernt zu halten.

Nun fokussiert er auf den vier Geraden des Quadrates jeweils einen Punkt, an der Bande, auf den er schnurgerade zureitet. In den Ecken reitet er eine Viertelpirouette, indem er seinen Kopf um 90 Grad dreht (und damit auf den inneren Gesäßknochen kommt). Er kann auch die innere Hüfte leicht vorschieben. Im gleichen Moment sollte er sich schon einen neuen Fokus für die anschließende Gerade suchen. Zudem verstärkt er kurz den Druck am äußeren Zügel (Parade). Das Pferd sollte nun mit dem inneren Hinterbein etwas länger stehen bleiben und mit der Vorhand kreisförmig um die »verzögerte« Hinterhand herumtreten.

Der Nutzen dieser Übung:

Der Reiter kann dabei das wichtige Zurückkehren

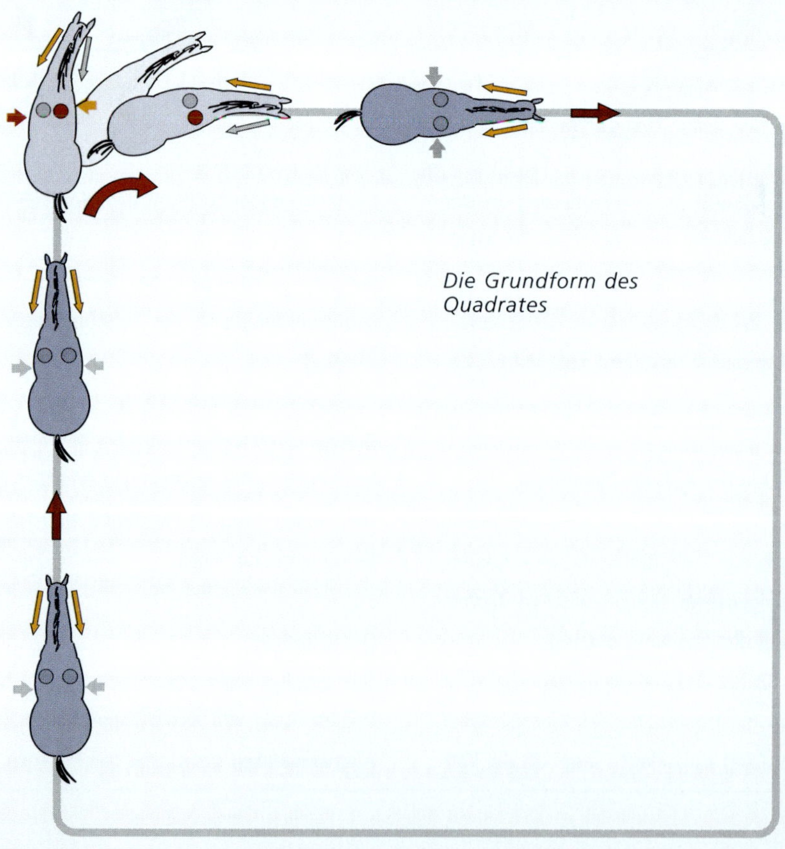

Die Grundform des Quadrates

nach der Wendung in den gerade ausgerichteten Wahrnehmungssitz mit gleichmäßiger Belastung auf beiden Gesäßknochen und mit Minimalspannung üben.
Er lernt, die Wendung nur am äußeren Zügel und mit Gewichtsverlagerung zu reiten.
Er kann den Grad der Rittigkeit seines Pferdes erkennen: Wie schnell folgt es der Gewichtsverlagerung?

Das Pferd lernt, der Führung durch den Reiter schnell und sicher zu folgen (es bekommt mehr Vertrauen in die Gewichtshilfen des Reiters).
Wegen der dauernden Belastungsänderung vor allem auf dem inneren Hinterbein ist dies eine gute Übung zur Verbesserung der Tragkraft.

1 Quadrat im Schulterherein mit tiefem Ausreiten der Ecken

An den Seiten des Quadrates wird Schulterherein geritten. Die Ecken werden in Form eines Voltensegmentes gut ausgeritten. Danach wird die Volte noch etwas weitergeführt und damit die Vorhand an der nächsten Seite des Quadrates wieder hereingestellt.
In der Schritt-Variante kann man sie auch mit einer Vorhandwendung in den Ecken reiten. Sie ähnelt dann dem Bewegungsablauf in manchen Trailhindernissen der Westernreiter. Es ist durchaus möglich, sich zur Erleichterung am Anfang ein paar Stangen in L-Form hinzulegen und die Koordination mit dieser Begrenzung zu üben.
Für die Fein-Koordination im Schritt kann eine Aus-

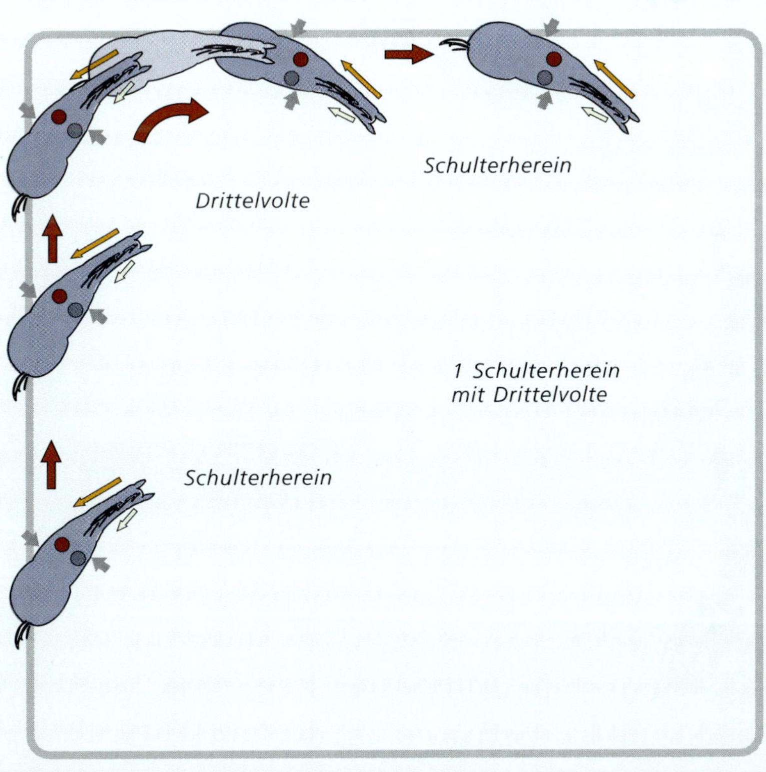

1 Schulterherein mit Drittelvolte

bildung des Pferdes in Trailhindernissen zusätzlich sinnvoll sein. Zudem bringt man damit Abwechslung ins Training.
Aus Platzgründen können die Trailübungen jedoch hier nur angerissen werden.

2 Travers an den Seiten mit Viertelpirouette in den Ecken
Hier beschreibt die Vorhand in den Ecken einen größeren Kreisbogen um einen kleineren Kreis der Hinterhand.
Im Galopp eine gute Vorübung für die Pirouette.
Siehe Zeichnung

3 Schulterherein mit Wechsel zum Travers in der 1. Ecke – Travers mit Wechsel zum Schulterherein in der 2. Ecke
In der ersten Ecke wird nur die Bewegungsrichtung des Pferdes und die Kopfdrehung (Ausrichtung) des Reiters geändert; in der zweiten Ecke, wenn vom Travers wieder ins Schulterherein gewechselt wird, muss das Pferd eine Drittelvolte beschreiben, so dass die Vorhand wieder nach innen kommt.

Orientierung im Raum
Die Koordinationsübungen gipfeln schließlich in »lustigem Hin- und Herwechseln« zwischen allen Formen der Seitengänge in Verbindung mit Gangartenwechseln und Geradeausreiten zur Überprüfung der richtigen Ausrichtung und Koordination des Reiters sowie des Gehorsams und der Flexibilität des Pferdes. Insbesondere die »Orientierung im Raum« wird sich mit solchen Lektionen bedeutend bessern.

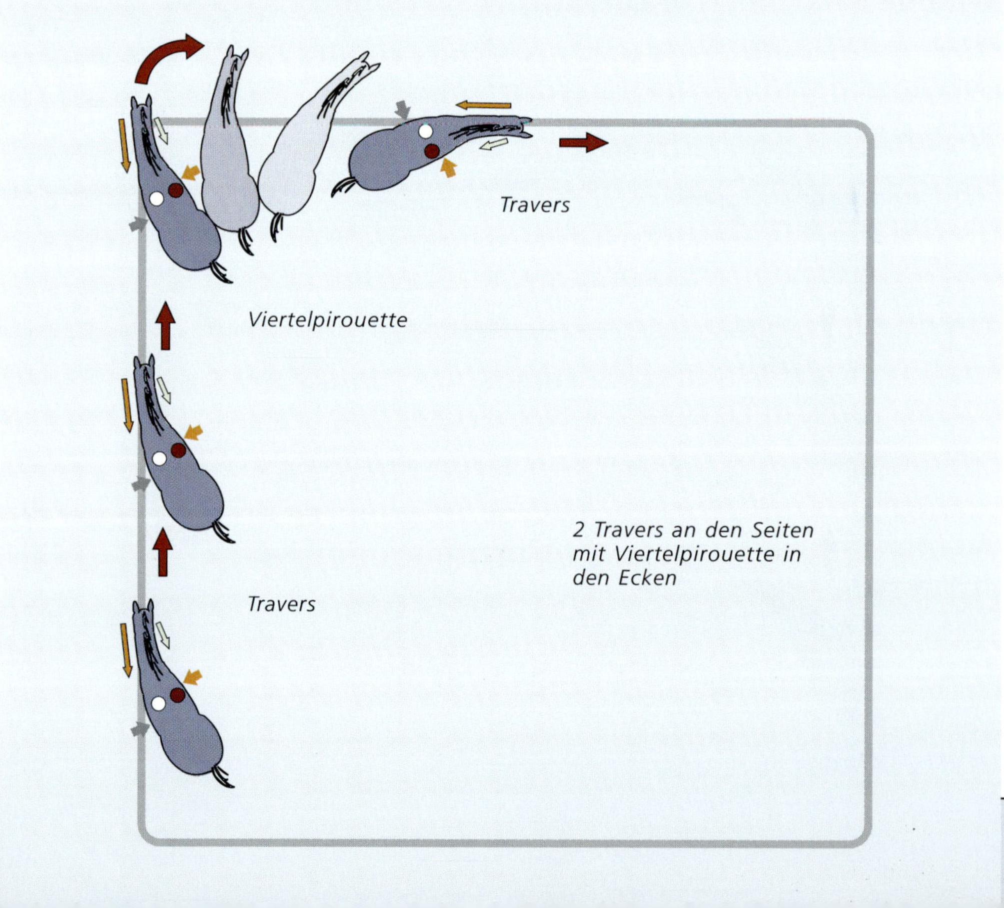

Richtig geradeaus ist schwerer als gebogen geradeaus

Mit der Zeit werden Sie als Reiter die segensreichen Auswirkungen der verschiedenen Übungen in den Seitengängen schätzen lernen. Wer die Seitengänge wirklich beherrscht, dem fallen sie leichter als das saubere Geradeausreiten. Und als Korrekturinstrumente für alle Arten von »Kontrollproblemen« sind sie (insbesondere das Schulterherein) unschlagbar.

1 Lektion · Anweisung

Die Gangarten taktrein reiten

2 Warum muss das so sein? Wem nützt das? Wie definiert sich »taktrein«?

Taktfehler sind immer ein Zeichen dafür, dass mit dem Spannungsbogen und mit der Durchlässigkeit des Pferdes etwas nicht stimmt. Die Verbindung von hinten nach vorne ist gestört, das Pferd geht nicht mehr korrekt über den Rücken. Es trägt sich oft nicht selbst, sondern sucht eine Stütze beim Reiter. Mangelndes Vertrauen zur Hand bis hin zur Zügellahmheit, »Hickeln« (mit einem Hinterbein kürzer treten), Vierschlag-Galopp oder auch häufiges Stolpern deuten auf Brüche im Spannungsbogen hin (manchmal auch auf eine leichte Ataxie). Verschiedene (oft alte) Verletzungen können sich in Schonhaltungen äußern, die mit der Zeit einseitige Steifheiten und schließlich auch Taktfehler verursachen können. Die Ursachen von Taktfehlern sind vielfältig, doch Taktfehler sind immer als Warnsignal zu verstehen, dass irgendetwas im Argen liegt.

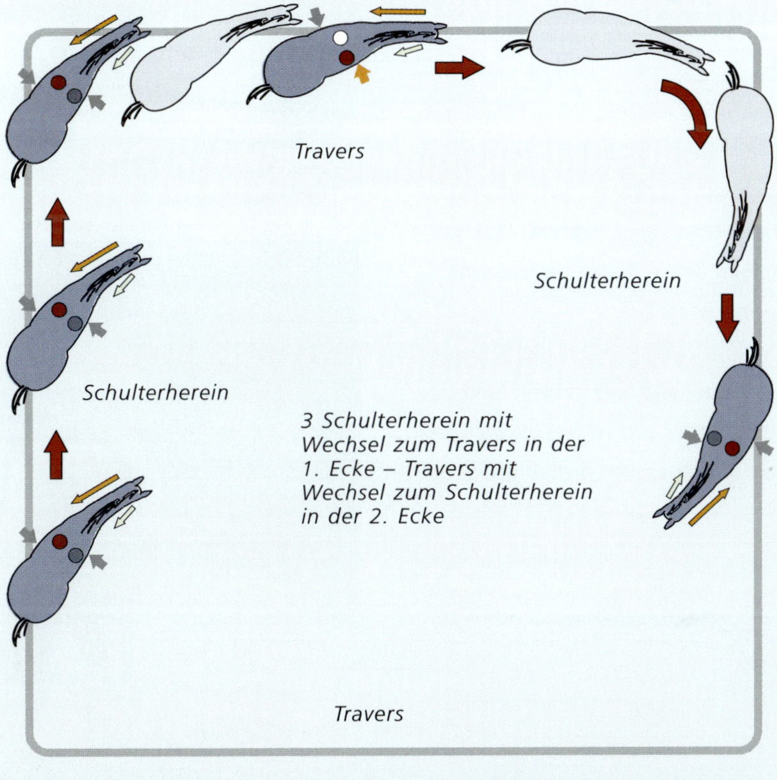

3 Schulterherein mit Wechsel zum Travers in der 1. Ecke – Travers mit Wechsel zum Schulterherein in der 2. Ecke

Taktreine Gänge

Taktreinheit in allen Gangarten auf beiden Händen ist der Garant für einen schwingenden Rücken und für ein korrekt gerade gerichtetes Pferd.

Taktrein definiert sich sowohl über den klaren Takt (Dreitakt beim Galopp, Zweitakt beim Trab und Viertakt beim Schritt) als auch über ein »Sitzen Können«. Der Reiter muss sich in die Bewegung des Pferdes hineingezogen fühlen. Wo das nicht so ist, gibt es eine Verzögerung, einen »Dreher« oder ein Eiligwerden (siehe nächster Abschnitt).

Taktrein bedeutet aber auch, dass das Pferd ein bestimmtes, vom Reiter vorgegebenes Tempo halten kann. Pferde, die zwischen »rennen« und »klemmen« hin und her schwanken, sind nicht im Takt.

3 Missverständnisse, Fehler, Diskussionsbedarf

In allen Gangarten gibt es Potenzial für diverse Taktfehler. Zwar haben Pferde unterschiedlich gut »angelegte« Grundgangarten: Das eine hat keinen raumgreifenden Schritt, das andere wackelt im Trab etwas in der Schulter, ein drittes kann sich im Galopp nicht gut ausbalancieren, wird schnell und kopflastig. **Die meisten gravierenden Taktfehler sind jedoch vom Reiter verursacht – gleichsam angeritten.**

Abgesehen von »echten«, verletzungsbedingten Lahmheiten kommen viele der echten Lahmheit sehr ähnliche Taktfehler vor: Fehlbelastungen des Pferderückens, Störungen der freien Rückenbe-

Trailübungen sind bestens geeignet, um die Feinkoordination des Pferdes und des Reiters zu verbessern und um das Pferd so auf eine Aufgabe zu konzentrieren, dass es den Rücken loslässt.

wegung und Blockaden in der Wirbelsäule aufgrund schlecht sitzender bzw. mangelhaft koordinierter Reiter bringen das Pferd aus der Balance und damit aus dem Takt (man denke z.B. an die Zügellahmheit).

Beginnen wir mit dem Schritt: Am losen Zügel (ohne Anlehnung) gehen fast alle Pferde einen freien, taktreinen Schritt. Verlangt der Reiter aber Zügelkontakt, fangen viele Pferde an, irgendwo zu blockieren. Diese Blockaden kommen fast immer ursprünglich aus dem Rückenbereich, äußeren sich jedoch häufig in Anlehnungsproblemen: Das Pferd schnickt mit dem Kopf, mogelt sich nach hinten oder oben aus dem Zügelkontakt heraus, legt sich auf den Zügel oder drückt den Unterhals heraus. In der Folge davon blockiert es die Schulter oder Lende, tritt vorne oder hinten kurz, zackelt an oder streckt die Nase in die Luft.

Im Trab äußern sich die Probleme meist dadurch, dass kein gleichmäßiges Tempo gehalten werden kann und dass der Reiter nicht sitzen kann. Das Pferd wirft, die Tempokontrolle ist nicht gegeben.

Im Galopp springt das taktunreine Pferd nicht sauber durch. Der Reiter hat das Gefühl, als ob ihm das Pferd bei jedem Galoppsprung einen Schlag ins Kreuz versetzt. Er kann seine Beckenbewegung nicht mehr auf die unregelmäßigen Bewegungen des Pferdes einstellen. Der zweite verbreitete Fehler ist der Vierschlaggalopp. Dabei setzt das Pferd die Hufe des diagonalen Beinpaares zeitversetzt statt gleichzeitig auf. Zuerst fußt das äußere Vorderbein, dann das innere Hinterbein auf. Der Reiter hat dabei das Gefühl, auf oder gar über dem Pferd zu sitzen, statt in die Bewegung hineingezogen zu werden. Er wird durchgeschüttelt, statt sich »wie im Schaukelstuhl« zu fühlen.

Klammert man den Terre-à-Terre-Galopp aus, bei dem das innere Hinterbein vor dem äußeren Vorderbein auffußt und etwas länger stützend und weit untergeschoben stehen bleibt, so ist der Viertaktgalopp immer ein schwerer Fehler!
(Das längere Stützen des inneren Hinterbeines kann man auch in der Galopp-Pirouette sehen.)

4 Korrekturmöglichkeiten Fehlerbehebung

In den verschiedenen Gangarten sind Taktfehler unterschiedlich zu behandeln.
Am schwierigsten ist die Korrektur von Taktfehlern normalerweise im Schritt, am einfachsten im Trab. Bei den meisten Pferden empfiehlt es sich deswegen, mit der Korrektur im Trab zu beginnen.

Der wichtigste Schritt in Richtung Takt ist die Losgelassenheit des Pferdes. Wie schon in den ersten Kapiteln beschrieben, kann diese nur ein losgelassener, sicher sitzender Reiter beim Pferd erhalten. Das losgelassene Pferd steht an den Hilfen und lässt sich durch Paraden im Tempo kontrollieren.

Taktreinheit bedeutet für das Pferd klaren Takt in den Gangarten und gleichmäßiges Tempo halten können.
Für den Reiter bedeutet es »sitzen können«.

Taktfehler und Anlehnungsprobleme haben die Ursache in mangelnder Durchlässigkeit: Das Pferd blockiert den Rücken und tritt deswegen nicht sauber an die Hand heran. Der Spannungsbogen weist Brüche auf.

Fehlt die Losgelassenheit, so muss mit deren Erreichen begonnen werden. Überall dort, wo Pferde Rückenprobleme haben und sich deswegen nicht loslassen, ist es mitunter sinnvoll, eine Weile aufs Reiten zu verzichten und zu longieren. (Der Einsatz von Rückentrainer, Chambon oder tief geschnalltem Dreieckszügel, in manchen Fällen auch von Ausbindern, stellt eine funktionelle Haltung des Pferdes sicher.)

Cavalettiarbeit und das Training an Trailhindernissen, bei denen das Pferd mit tiefer Nase hinschauen muss (Stangen in unterschiedlicher Höhe, Gitter, Labyrinthe etc.), entspannen die Oberlinie und fordern die Aufmerksamkeit des Pferdes. Am besten führt man auch diese Übungen an der Longe bzw. an der Hand aus. Konzentriert sich das Pferd auf eine Aufgabe und hat kein Gewicht auf dem Rücken, so vergisst es schnell, dass es sich verspannen wollte. Schwierig wird erst wieder der Übergang von der Bodenarbeit zum Reiten. Das Pferd muss nun erneut das Vertrauen zum Reitergewicht und oft auch zur Reiterhand bekommen. Es sollte deswegen im Trab und Galopp viel im Entlastungssitz geritten werden.

Still sitzen

Insbesondere für einen taktreinen Schritt (aber auch im Trab und Galopp) ist es notwendig, dass **der Reiter sich vom Pferd bewegen lässt** und nicht versucht, aktiv vorwärts zu »schieben«. Dazu muss das Pferd gelernt haben, freiwillig vorwärts zu gehen (siehe dort und Resensibilisierung). Man beginnt entspannt am losen (hingegebenen) Zügel und versucht dann vorsichtig, etwas Zügelkontakt (langer Zügel) herzustellen – ohne den stillen passiven Sitz aufzugeben. Vorwärtsimpulse werden mit **kurzen** Schenkelhilfen, Stimme und leichten Gertensignalen gegeben.

oben und rechts: Viele spanische Pferde gehen nicht sauber über den Rücken. Das liegt zum Teil daran, dass sie oft auch dann noch bequem zu sitzen sind, wenn der Rücken nicht richtig schwingt, zum Teil daran, dass die Spanier gern »spektakulär« reiten – und deswegen das manchmal hektisch wirkende »Strampeln« im Trab ganz gut finden.

Langsam reiten

Im Schritt ist es oft sinnvoll, sehr langsam und kontrolliert zu reiten, so dass das Pferd wirklich Schritt für Schritt Gewicht auf dem auffußenden Bein aufnimmt. Dieser kontrollierte Schritt kommt vielen zu lahm vor. Für das Erreichen einer konstanten Anlehnung, ohne das Pferd laufend mit dem Sitz vorwärts zu schieben, ist er jedoch ein gutes Mittel. (Der Reiter bleibt stiller sitzen, stört das Pferd nicht mit dem Sitz und kann besser die Absichten des

Takt-, Anlehnungs- und Maulprobleme werden fast immer durch einen festgehaltenen Bereich im Rücken oder Hals/Genick des Pferdes verursacht.

Dieses Pferd sollte sich in die Dehnungshaltung strecken: Die Reiterin macht dem Pferd ein »Angebot« durch weites Auseinandernehmen der Hände im stark entlastenden Leichttraben mit dem vibrierenden Zügel; das Pferd nimmt an, traut der Sache jedoch nicht ganz, sondern kommt hinter die Senkrechte. (Eine Viertelstunde später dehnte es sich auch richtig an die Hand heran ...)

Pferdes erfühlen.) Wichtig ist jedoch, dass das Pferd nicht in der Bewegung stockt, sondern gleichmäßig und flüssig vorwärts geht. Insbesondere in den Seitengängen ermöglicht das langsame Reiten eine effektivere Kontrolle und schnellere Korrektur, weil der Reiter im langsamen Tempo genug Zeit hat, um »rechtzeitig« zu reagieren.

Das »Langsam-Reiten« im Schritt führt im Verlauf der Ausbildung zum versammelten Schritt, dann zu »halben Tritten« und schließlich zur Piaffe.

Taktreine Gänge erfordern ein losgelassenes und ausbalanciertes Pferd. Losgelassenheit beim Pferd kann nur der losgelassene Reiter erzielen.

Mit oder ohne Anlehnung?

Langfristig soll insbesondere eine Anlehnung am äußeren Zügel erreicht werden. Eine kurzfristig breite Zügelführung auf gebogenen Linien (siehe dort) kann hilfreich sein, um einen leichten Kontakt aufrecht zu erhalten, ohne die Stellung aufzugeben.

Koordinationsübungen in Trailhindernissen können am losen Zügel geritten werden, so dass sich das Pferd nicht gegen den Zügelkontakt wehren kann. (Dazu sollten allerdings die Pferde gehorsam sein und gut auf Gewichts- und Stimmhilfen reagieren.)

Manche Pferde werden im Schritt taktreiner, wenn man den Zügelkontakt eine Weile ganz aufgibt und sie nichts haben, worauf sie sich abstützen können. Andere werden am losen Zügel eilig und kopflastig und fangen an, aus der Schulter heraus zu »hickeln« – insbesondere nach der Arbeit im Trab oder Galopp, wenn sie sich dabei etwas aufgeregt haben. Solche Pferde muss man **vorsichtig** an den äußeren Zügel stellen. Dazu kann es sehr hilfreich sein, im Schritt auf dem Zirkel zwischen Innen- und Außenstellung hin- und herzuwechseln und den inneren Zügel dabei möglichst wenig zu benutzen. Das Pferd muss ständig seine Ausrichtung ändern, sich ständig an einen neuen äußeren Zügel »gewöhnen« und konzentriert sich schließlich stärker auf die Umstellungssignale des Reiters statt auf seine Gegenwehr.

Schulterherein im Schritt ist hervorragend geeignet, das Pferd sowohl an den äußeren Zügel zu stellen,

Der Reiter soll sich vom Pferd bewegen lassen und nicht dauernd aktiv vorwärts schieben.

Der herausgedrückte Unterhals ist ein deutliches Zeichen für Probleme im Rücken.

Hier ist die Haltung zwar besser, jedoch immer noch nicht entspannt.

als auch den Takt wieder herzustellen. Dazu kann man ruhig sehr langsam reiten (s.o.), so dass das Pferd sich auf die einzelnen Schritte konzentriert und deutlich Gewicht mit dem inneren Hinterbein aufnimmt. Erstaunlicherweise fällt das Schulterherein in Außenstellung (Konterschulterherein) vielen Reitern und Pferden mit Taktproblemen leichter als das in Innenstellung. Wer noch Probleme mit dem Schulterherein hat, kann auch Schenkelweichen reiten.

In Trab und Galopp unter dem Reiter sind alle Übungen, die für Tempokontrolle und Aktivierung der Hinterhand gut sind (häufige Wechsel Anhalten-Rückwärts-Antraben im Leichttraben, häufige Gangartenwechsel sowie das Reiten von Wendungen mit häufigem Umstellen des Pferdes und schließlich Seitengänge im Rahmen der Möglichkeiten des Pferdes) zum Erreichen des Taktes geeignet.

Pferde, die schlecht vorwärts gehen und/oder sich gerne auf dem Zügel abstützen, kann man eine Weile ohne Zügelkontakt (am losen Zügel) reiten. (Vorsicht jedoch: Es gibt Pferde, die völlig den Takt verlieren, wenn der Zügelkontakt ganz aufgegeben wird – vor allem solche, die ein Balanceproblem mit zu starker Anlehnung kompensiert haben. Solche Pferde muss man sehr vorsichtig im Maul behandeln und ganz langsam die Zügelspannung verringern, ohne den Kontakt völlig aufzugeben.)

Pferde, die den Hals hoch- bzw. den Rücken wegdrücken (und deswegen aus dem Takt kommen) müssen lernen, den äußeren Zügel als Kontrollzügel anzunehmen. Durch das Reiten von vielen Wendungen und Stellungswechseln wird die Kontrolle am äußeren Zügel gefestigt.

Pferde, die im Trab nicht genug mit der Hinterhand vortreten oder im Galopp nicht genug durchspringen, können in Außenstellung auf dem Zirkel getrabt oder galoppiert werden. Dadurch kommt die Hinterhand nach innen herein, beschreibt einen kleineren Kreisbogen und muss vermehrt Gewicht aufnehmen. Das Gleiche hilft bei Pferden, die ihre innere Schulter zu stark belasten oder sich im Genick nach außen verwerfen.

Das Pferd soll sich selbst tragen

Pferde, die auf der Hand liegen, kommen viel schneller aus dem Takt, weil sie abhängig von der (falschen) Stützfunktion der Reiterhand geworden sind. Sie werden kopflastig und stolpern auf der Vorhand durch die Gegend (das gilt auch für Pferde, die mit dem Schlaufzügel zusammengezogen worden sind).

Hier hilft ständiges Wechseln der Halshaltung des Pferdes. Gibt der Reiter mit der Hand nach, so sollte sich das Pferd an die Hand heranstrecken, ohne das Tempo zu verändern (wegzulaufen). Der Spannungsbogen soll bei aktiver Hinterhand flacher werden, ohne völlig zu verschwinden (dann lässt sich das Pferd hängen).

Nimmt er die Zügel wieder etwas auf, muss das Pferd folgen, ohne nach hinten auszuweichen, also hinter die Senkrechte zu geraten und ohne im Tempo zu stocken. Diese Übung stellt sicher, dass sich das Pferd selbst trägt und sich nicht in der Hand des Reiters eine bequeme Stütze sucht. Genick und Maul des Pferdes müssen dabei locker bleiben.

Die Korrektur von Taktfehlern erfordert nicht mehr aktive Einwirkung vom Reiter, sondern weniger.
Der Reiter sollte sich vom Pferd bewegen lassen, statt selbst zu viel zu tun.

Still sitzen und die innere Hand vorne und oben lassen: Gute Balance in der oft »kopflastigen« Einbeinstütze vorne. Je besser Reiter und Pferd zusammen ausbalanciert sind, desto geringer ist die Gefahr von Taktfehlern.

Manchmal ist es sinnvoll, die Anlehnung ganz aufzugeben (wenn sich das Pferd auf den Zügel hängen will). Durch das weite Vorgehen mit der Hand kippt jedoch die Reiterin hier etwas übers Knie nach vorn.

Das Reiten in Außenstellung: die innere Hand ist höher als die äußere, die Reiterin richtet sich in Bewegungsrichtung aus. Das Pferd lernt, unabhängig von der Stellung dem Gewicht des Reiters zu folgen.

unten: Das Pferd trägt sich selbst. Die Pferdeschulter ist frei, das Vorderbein schwingt locker vor, die Pferdenase ist vor der Senkrechten. Das sind die Voraussetzungen für gute Verstärkungen. Die Reiterin könnte allerdings die Hand geringfügig höher tragen und damit Spannung aus dem Arm nehmen.

Büffelt ein Pferd beim Aufnehmen sehr stark gegen die Hand oder legt sich immer wieder drauf, so kann der Reiter beide Hände (oder auch nur die innere) Richtung Ohren des Pferdes anheben, kurz nach oben zupfen und dann auf beiden Zügeln den Druck auf Null reduzieren. Das Pferd reagiert mit Hochnehmen des Kopfes, findet danach keine Stütze mehr und beginnt, sich selbst zu tragen.

Taktreine Verstärkungen

Verstärkungen muss das Pferd von allein anbieten; alles andere endet mit Geschiebe und Gewürge seitens des Reiters und bringt das Pferd aus dem Takt und auf die Vorhand. Das Reiten vieler Tempounterschiede (flotteres Tempo ruhig im Leichttraben oder leichten Sitz im Galopp) bereitet das Pferd auf die Verstärkungen vor. Idealerweise möchte das Pferd immer von allein zulegen, lässt sich jedoch durch halbe Paraden im verkürzten Tempo halten. Jede Verstärkung muss dann vom Reiter nur »herausgelassen« werden.

Passt der Sattel?

Als eine mögliche Ursache von Taktproblemen muss auch immer die aktuelle Passform des Sattels in Betracht gezogen werden. Pferde verändern sich während des Trainings, bauen Muskulatur auf, manchmal leider auch ab. Da kommt es häufig vor, dass ein Sattel auf einmal zu eng in der Kammer ist oder zu dicht am Widerrist aufliegt.

Das Reiten in Außenstellung hilft bei vielen Takt- und Anlehnungsproblemen.

Reiter und Pferd müssen gut ausbalanciert, gerade und locker sein, um taktreine Gänge zu gewährleisten.

Reiterin und Pferd in guter gemeinsamer Balance; die Reiterin hat jedoch geringfügig zu viel Spannung im Sitz.

1 Ausbildungsziel

Kontrolle erlangen, Feinabstimmung, »Feintuning«

Genickkontrolle, Tempokontrolle, Tempowechsel, Verstärkungen , halbe und ganze Paraden, korrekte Anlehnung im Wahrnehmungssitz, Aufmerksamkeit des Pferdes

2 Wofür ist das gut? Wie ist es richtig? Wem dient es?

Nur der ununterbrochene »Energiekreis Reiter+Pferd« gewährleistet eine Kontrolle mit feinen Hilfen.

Verstärkungen muss das Pferd anbieten, damit sie taktrein werden. Sie können nicht vom Reiter herausgetrieben werden.

Das Genick des Pferdes ist eine wichtige Schlüsselstelle für diese Kontrolle. Das Pferd hat dort viele Möglichkeiten, den Energiekreis zu unterbrechen. Es kann sich »verstellen« oder die Verbindung zur Reiterhand durch die verschiedenen Ausweichmanöver (siehe »An-den-Zügel-Reiten«) unterbrechen. Ist die Verbindung zur Hand unterbrochen, laufen die Paraden mehr oder weniger ins Leere. Für korrekte Paraden ist deswegen die Genickkontrolle unablässig. Das gilt insbesondere für die halben Paraden, die eine feinere Abstufung der Hilfen erfordern als die ganzen Paraden.

Die enge Verbindung zwischen der prompten Reaktion des Pferdes auf Paraden (= Kontrolle), der Aufmerksamkeit und der Durchlässigkeit in Genick und Rücken des Pferdes sowie dem Wahrnehmungssitz soll hier noch einmal deutlich herausgestellt werden.

Dazu ist ein weiterer Exkurs in Sachen »richtige Paraden« notwendig (siehe auch Kapitel »An-den-

Optisch gute Haltung von Reiterin und Pferd; bei genauerem Hinsehen fallen jedoch die Spannung in Arm und Schulter der Reiterin und die minimal heruntergedrückte innere Hand auf, die zu leichten Spannungen im Hals des Pferdes führen und dessen Schulterfreiheit einschränken.

Zulegen im Leichttraben: Gute Balance der Reiterin. Das Pferd wirkt noch etwas kopflastig, tritt jedoch gut aus der Hinterhand vor.

Zulegen: Gute Balance der Reiterin im Leichttraben. Das Pferd legt sich etwas auf die Hand.

Zulegen: Hier ist das Pferd geschlossener und im Genick runder und losgelassener als links. (Dieses Pferd neigt prinzipiell dazu, der Reiterin in den Verstärkungen »die Hand zu nehmen«. Es muss deswegen mit sehr »schneller« Hand geritten werden, d.h. mit vielen halben Paraden und wechselnder Zügelspannung, damit es sich nicht auf die Hand legen kann.

Zügel-Reiten« und »Über-den-Rücken-Reiten« sowie »Resensibilisierung«).

Paraden richtig geben:

Eine Parade hat zwei Phasen: Sie besteht aus

- 1 Hinterhand aktivieren (= treiben)
- 2 Durch kurze Impulse begrenzen + lenken.

Diese beiden Phasen sollten nicht gleichzeitig erfolgen, sondern minimal zeitversetzt.

Eine ganze Parade besteht im Allgemeinen anfangs aus mehreren halben Paraden und ist immer die zum Halten. In der Feinabstimmung kann die ganze Parade durch verstärktes blockierendes Kippen des Beckenkammes von der halben unterschieden werden. Halbe Paraden dienen der Kontrolle in der Bewegung (Tempo, Gangart, Kadenz, Aufmerksamkeit, Versammlung).

Die halbe Parade hat verschiedene Stärken: Sie reicht von einem verstärkten Zumachen der Faust (Schwamm ausdrücken) über ein Eindrehen der Faust bis hin zu einem mehr oder weniger starken seitlichen Herausnehmen der äußeren Hand. Sie wird vornehmlich am äußeren Zügel gegeben.

■ Erste Phase

Die Hinterhand kann auf verschiedene Weise aktiviert werden: Mit kurzem Schenkeldruck, aufmunternder Stimme oder mit der Gerte, um die drei wichtigsten Instrumente zu nennen. Wie schon in anderen Kapiteln erwähnt, ist das »Anspannen des Kreuzes« keine geeignete treibende Hilfe. Und alle »Aktivierungen« müssen kurz und prägnant kommen (siehe Abschnitt Resensibilisierung).

Wo das Pferd gut und locker vorwärts geht und aufmerksam auf den Reiter achtet, muss nicht viel aktiviert werden, das Pferd muss nur darauf vorbereitet werden, dass »etwas kommt«. Vorbereiten kann der Reiter, indem er einfach ein wenig die Hand zumacht, die Spannung am äußeren Zügel leicht verändert – eine Art »Vorparade«, die noch »ohne Kreuz« gegeben werden kann. Er kann auch mit einer verbalen Hilfe vorbereiten.

■ Zweite Phase

Die zweite Phase kann nur funktionieren, wenn die Hinterhand aktiv und das Pferd aufmerksam und durchlässig ist:

Wo keine Vorwärtstendenz ist, kann nichts gelenkt werden. Wo keine Energie ist, braucht nichts »gebremst« zu werden. Und wo das Pferd nicht auf den Reiter achtet, kommt sowieso keine Hilfe durch.

In der zweiten Phase hemmt der Reiter durch Kippen des Beckenkammes nach hinten (= Kreuz anziehen) die Rückenbewegung des Pferdes. Bei einer ganzen Parade stärker, bei einer halben weniger stark.

Mit einer minimalen zeitlichen Verzögerung gibt er dann einen kurzen Impuls am (vorwiegend äußeren) Zügel. Je nach Stärke und »Co-Hilfe« signalisiert dieser dem Pferd: »Anhalten«, »langsamer werden« oder auch »im Genick nachgeben« (Genickkontrolle). Aber auch: »Versammeln« oder »Pass auf, es kommt eine Veränderung«.

Für die Versammlung (siehe S. 155ff) werden die treibenden Impulse und die halbe Paraden mehrfach wiederholt. Das Treiben kann im »Feintuning« schließlich durch ein »tieferes Einsitzen« ersetzt werden – der Reiter federt dazu im Fußgelenk stärker nach unten und sitzt damit schon tiefer ein, verstärkt praktisch die Bewegungsimpulse aus dem Rücken des Pferdes (siehe auch Sitz, S. 30ff).

Das Reiten von engen Wendungen (siehe auch Stellungswechsel und Quadrat, S. 118ff) und viele Gangarten- und Tempowechsel unterstützen die Versammlung.

Wo kein Wert auf die Feinabstimmung gelegt wird, kommen diverse Hilfszügel zum Einsatz, um Kontrolle zu gewährleisten …

Die Qualität und Effektivität jeder Parade steht und fällt mit der Kürze der regelnden Impulse am Zügel.

Je länger der Reiter einen oder beide Zügel annimmt, desto eher gibt er dem Pferd die Möglichkeit, sich auf den Zügel zu legen (in der Hand des Reiters abzustützen) oder nach hinten auszuweichen (hinter den Zügel zu kommen).

Auch die komplette Gleichzeitigkeit der treibenden und begrenzenden Impulse ist zu vermeiden, denn sie spannen das Pferd über Gebühr ein (Schraubstockeffekt) und verleiten den Reiter zum Ziehen.

Zäumungen und Zügel-/Handhaltung und deren Einfluss auf richtige Paraden.

Zäumung, Handhaltung, Zügellänge und Höhe der Hände haben einen erheblichen Einfluss auf die Qualität der Paraden.

Wie schon in den eingangs beschriebenen »Trocken-Übungen« erwähnt, beeinflussen sich Sitz, Handhaltung und Reaktionsfähigkeit des Reiters ständig gegenseitig.

Die gängigen Kommandos und Dogmen, deren Sinn sowie die negativen Auswirkungen, wenn sie falsch interpretiert oder umgesetzt werden, sollen hier kurz zusammengefasst werden.

Zügel kürzer, Zügel nachfassen, »der lange Zügel zieht«

Es ist richtig: Der lange Zügel zieht. Und zwar deswegen, weil der Reiter beim zu langen Zügel keinen Kontakt zum Pferdemaul behalten kann; er muss mit der Hand nach hinten wirken – also rückwärts ziehen – um die Verbindung aufrecht zu erhalten: Er zieht sich die Zügel in den Bauch oder auf die Oberschenkel und verliert aus diesem Grund den tiefen Sitz.

Der zu lange Zügel ist jedoch mit einfachen Mitteln zu korrigieren: der Reiter muss einfach ständig sein Zügelmaß verändern; den Zügel ständig nachlassen oder nachfassen. Er muss die Länge des Zügels so wählen, dass er die Hände immer vor sich her tragen kann.

Das gilt insbesondere für Korrektur- und junge Pferde. Gut versammelte Pferde mit hohem Ausbildungsstand können länger mit der gleichen Zügellänge geritten werden.

Zügeleinwirkung

Zwischen »kurz Gegenhalten« und »Ziehen« bestehen »im Tun des Reiters« nur gerade noch wahrnehmbare Unterschiede, in der Reaktion des Pferdes jedoch erheblich besser sichtbare.

Nachgeben, wenn die Hinterhand untergeschoben ist, damit sich das Pferd nicht auf die Hand legen kann.

Hier gibt die Reiterin zu viel nach und verliert dadurch die Kontrolle übers Pferd.

Der zu kurze Zügel zieht den Reiter aus dem Sitz heraus

Ist der Zügel jedoch zu kurz, so lässt sich der Reiter oft vom Pferd aus dem Sitz herausziehen. Er »kippt hinter seinem Zügel her«, sobald das Pferd sich auf den Zügel legt oder versucht, ihm den Zügel aus der Hand zu reißen.

Verbindung zum Maul halten, vibrierender Zügel, »Klavier spielen«, schnelle Hand, unabhängige Hand

Die Zügelverbindung zum Pferdemaul ist eine diffizile Angelegenheit. Sie darf weder zu starr noch zu lasch sein. Ist sie zu starr, so findet das Pferd eine Stütze in der Reiterhand und lässt seinen Kopf vom Reiter tragen. Es wird bei Paraden kopflastig, nimmt nicht die Last mit den Hinterbeinen auf.

Deswegen muss der Reiter sich die Verbindung immer in Form eines Gummibandes vorstellen. Dieses Gummiband darf kurzfristig mehr Spannung haben – während einer Parade – muss jedoch immer wieder »auf das niedrigste Spannungslevel heruntergefahren werden«. Dem Pferd darf nie erlaubt werden, sich auf dem Zügel abzustützen. Die Stütze muss konsequent weggenommen werden, indem die Zügelspannung auf fast Null reduziert wird.

Bei Pferden mit Anlehnungsproblemen muss der Reiter **sehr schnell** mit der Hand sein. Manchmal

Springen und Cavalettiarbeit erfordern nicht nur eine schnelle Angleichung des Reiterschwerpunktes an den des Pferdes, sondern auch eine schnelle Anpassung der Zügellänge bzw. Handhaltung an die Halshaltung des Pferdes, die in vielen Phasen des Sprunges der Dehnungshaltung ähnelt.

empfiehlt sich dabei die breite Zügelführung, das Auseinandernehmen beider Hände nach innen und außen. Mit dieser kann der Reiter sehr schnell wieder eine Verbindung herstellen, wenn das Pferd mit dem Kopf schnickt, indem er einfach die Strecke vom Maul zur Hand durch das weitere seitliche Herausnehmen der Hand verlängert. Er muss dann den Zügel nicht nachfassen, zieht aber auch nicht rückwärts. Die Hand wird dadurch sehr »schnell«, ohne hart zu wirken.

Ein vibrierendes »Wackeln« mit dem Ringfinger tut ein Übriges, um eine weiche Verbindung auch bei schwierigen Pferden zu halten, die immer ein Schlupfloch suchen, um den Kontakt zur Reiterhand zu unterbrechen (und sich damit der Kontrolle zu entziehen).

Wie im Kapitel »An-den-Zügel-Reiten« beschrieben, muss die Wirkung von innerem und äußerem Zügel immer gut getrennt werden; daraus folgt, dass die innere Hand sich unabhängig von der äußeren Hand bewegen können muss.

Damit kommen wir zur Handhaltung.

Hand- und Zügelhaltung – hohe und tiefe Hand

Die Handhaltung ist untrennbar an die Armhaltung aus der Schulter heraus gekoppelt; die Schulter wiederum hängt direkt über die Wirbelsäule mit dem Becken des Reiters zusammen (siehe Sitz). Wichtig ist, »die Zügel vor sich her zu tragen«. Sie dürfen weder zum Festhalten dienen noch darf der Reiter mit dem Zügel versuchen, gegen den Widerstand des Pferdes zu arbeiten (=Ziehen). Er darf dem Pferd jedoch auch nicht erlauben, seiner-

Zügellänge und Einwirkung

Bei den meisten Pferden ist es nicht angebracht, länger mit der gleichen Zügellänge zu reiten. Stattdessen muss das Zügelmaß immer wieder korrigiert werden.

Das Reiten mit minimalen Bewegungen der dicht nebeneinander stehenden Zügelhände ist das Ergebnis langer Ausbildung. Das so eingestellte Pferd könnte auch einhändig auf blanke Kandare geritten werden. Für alle noch korrektur- bzw. verbesserungsbedürftigen Pferde darf der Reiter ruhig mit den Händen arbeiten – im Rahmen der drei Haupt-Prämissen:

1 Nach vorne und nach oben ist okay, nach hinten und nach unten ist verboten.

2 Zügelhilfen so kurz und so sanft wie möglich geben.

3 Anlehnung erreichen aber dem Pferd keine Stütze in der Hand bieten.

Der zu lange Zügel und die Auswirkungen:

oben: Die Reiterin muss die Zügel nach hinten ziehen, um wieder Kontakt zum Maul des Pferdes zu bekommen. Die Unterschenkel kommen nach vorn, der Oberkörper weicht der Zügelhand nach hinten aus.

Mitte: Die innere Hand zieht nach hinten. Die innere Schulter kommt zurück, das Gewicht deswegen leicht nach außen. Die Reiterin weicht mit dem Bauch aus und fällt im Oberkörper zusammen. Das Pferd verwirft sich leicht im Genick (Maul nach innen, Genick nach außen).

unten: Die Reiterin will den zu langen Zügel durch Abknicken im Handgelenk verkürzen, bekommt damit negative Spannung in den Arm und wird unsensibel in der Hand.

seits gegen den Zügel zu drücken, also gegen die Reiterhand zu ziehen.

Die zu tiefe Hand zieht einen mehr oder weniger geraden – und damit steifen – Arm nach sich und macht den Sitz unbeweglich (der Wahrnehmungs-

Der Zügel ist zu kurz. Die nach vorn gestreckten Arme bringen viel zu viel Spannung in den Körper der Reiterin, der hier überstreckt aufgerichtet ist.

Gute Haltung des Pferdes mit gedehntem Hals. Der Zügel ist so lang, dass die Reiterin den Ellbogen locker aus der Schulter hängen lassen und abwinkeln kann.

sitz funktioniert nicht mehr). Rückwirkend wird wiederum die Hand immer härter (=unsensibler) und unbeweglicher. Das gilt insbesondere beim Aussitzen.

Die hohe Hand ist in sehr vielen Fällen der tiefen Hand vorzuziehen; es gibt jedoch auch Ausnahmen. Diese sind vor allem beim Reiten im leichten Sitz anzusiedeln. Solange die Hände dabei vorne bleiben, die Ellbogen des Reiters abgewinkelt und seine Schultern locker sind, dürfen sie auch rechts und links tief am Pferdehals stehen.

In allen gängigen Reitlehren wird beschrieben, dass die Unterarme des Reiters sowie die Linie zwischen Pferdemaul und Reiterhand insgesamt eine Gerade bilden und dass die Hände aufrecht stehen sollen. Diese »klassische« Zügelhaltung ist zwar richtig, kann oder muss jedoch bei bestimmten Problemen aufgegeben werden, um Fehler zu korrigieren oder eine zu starre Verbindung zu verhindern:

Das weit vorne ausgeführte Anheben der inneren oder beider Hände bringt kopflastige Pferde oder solche, die nicht im Genick nachgeben wollen, sofort in eine bessere (= sich selbst tragende) Haltung.

Eine beginnende »Außenrotation« durch leicht nach oben verdrehte Handflächen (Daumen leicht nach außen) kann bei einem Reiter helfen, der gern im Oberkörper zusammenfällt (siehe Schulter aufmachen/Sitz/Trockenübungen).

Der lose Zügel

Der lose Zügel kommt beim »Signalreiten« zum Einsatz. Signalreiten bedeutet: Das Pferd geht so lange in einer Gangart, einem Tempo und in der gleichen Richtung, die ihm der Reiter mit einem Eingangs-Signal vorgegeben hat, bis ein anderes Signal (= Hilfe) kommt. Das Westernreiten gehört zum Beispiel zum Signalreiten. Das Pferd wird so ausgebildet, dass es sich selbst trägt und vom Zügel unabhängig geworden ist (was prinzipiell

Sowohl der Reiter kann »am Zügel ziehen« als auch das Pferd. Jedoch ist nur der Reiter in der Lage, einen Ziehkampf zu verhindern.

Bilder rechts von oben nach unten

oben: Breite Zügelführung, hier in der Seitwärtsbewegung, hält das Pferd gerade zwischen den Zügeln der Reiterin.

Mitte: Das Hochnehmen der inneren Hand nach vorne-oben signalisiert dem Pferd: »Gib im Genick nach und lass die Schulter oben bzw. leg dich nicht auf den Zügel«.

unten: Die Reiterin hat die Hände am Widerrist des Pferdes festgestellt und kann so nicht schnell genug auf die Vorgaben des Pferdes reagieren (Paraden geben).

genauso viel Zeit in Anspruch nimmt, wie in der klassischen Ausbildung auch). Es wird hauptsächlich durch Gewichtshilfen gelenkt; der Zügel gibt nur noch minimale Impulse.

Die vollendete Version der Westernreitweise (insbesondere der feineren kalifornischen Reitweise) unterscheidet sich kaum von der »echten« klassischen Reiterei, welche auch »am losen Zügel« auf blanke Kandare ausgeführt wird.

Natürlich wirkt ein vorher loser Zügel härter, wenn er plötzlich ruckartig angenommen wird; doch wie immer liegt die Härte in der Reiterhand. Die »gute« (= weiche) Hand kommt immer mit dem gerade nötigen Druck und der gerade notwendigen Länge eines Zügelimpulses aus. Da stellt der lose Zügel nur einen graduellen Unterschied zum weich anstehenden Zügel mit Minimalspannung dar.

Kurzer Exkurs: Zäumungen und Gebisse

Zäumungen und Gebisse kann man in zwei Kategorien einteilen: Ausbildungszäumungen und

Nachgeben mit breiter Zügelführung.

Reiterin und Pferd ziehen gegeneinander. Das Pferd drückt hoch und die Reiterin zieht nach unten, wird im Arm – und in der Folge im Becken – steif und kippt aus dem Sitz heraus. Die richtige Reaktion wäre hier, die Hände, insbesondere die innere Hand mit hochzunehmen und die Paraden am äußeren Zügel zu verstärken.

Zäumungen für fertig ausgebildete Pferde. Dazwischen gibt es einige Übergangslösungen, die je nach Eigenart des Pferdes und Geschick des Reiters ihre Berechtigung haben können. Da jedes Pferd und jeder Reiter Individuen mit speziellen Problemen und Vorlieben sind, wird es immer wieder Ausnahmen geben, welche die nachfolgend kurz beschriebenen Grundregeln bestätigen.

Grundregeln:

1 Korrektur- und junge Pferde sollten mit einem milden Gebiss ohne Hebel geritten werden, mit dem eine Stellung durch einseitige Zügelhilfen möglich ist. Alternativ bei Maulproblemen oder bei manchen Korrekturpferden kann eine gebisslose Zäumung ohne Hebel verwendet werden, die einseitig stellende Impulse zulässt. Dazu gehören das Sidepull und seine Artverwandten: das Bosal, das Merothsche Reithalfter und ähnliche Konstruktionen. Andernfalls bekommt man das Pferd nie an den äußeren Zügel.

2 Alle Arten von »blanken« Hebelgebissen mit nur einem Paar Zügeln (blanke Kandaren, gebrochene Western-Kandaren, Pelhams und mechanische Hackamores) taugen nicht für eine korrekte Stellung (und damit Biegung und Gymnastizierung) des Pferdes, wenn dieses nicht mit den »einfachen« Zäumungen gelernt hat, sich an den äußeren Zügel zu stellen und sich auf Gewichts- und Schenkelhilfen des Reiters zu biegen. Bei all diesen Hebelgebissen kippt das Gebiss beim Annehmen des inneren, stellenden Zügels im Maul des Pferdes. Das Pferd verstellt sich im Genick. Solche Zäumungen sind nur für fertig ausgebildete Pferde geeignet.

3 Übergangs- und kombinierte Zäumungen bilden das Bindeglied zwischen 1 und 2. Sie werden sinnvollerweise mit zwei paar Zügeln

Hier stimmen wieder Balance und der Sitz.

Der lose Zügel. Das Pferd folgt der Ausrichtung der Reiterin, ohne dass der innere Zügel angenommen werden muss.

Eine extrem hohe Hand, die hier das Pferd davon abhält, auf die Schulter zu fallen. In dieser Momentaufnahme ist gerade viel Zug auf dem Zügel – es handelt sich jedoch hierbei um ein Zügelpaar, das im Halfter eingeschnallt wurde (das Halfter wurde in Ermangelung eines Bosals verwendet, um das Pferd von der nervösen Spannung zu befreien, die es jedesmal überfiel, wenn der Zügel angenommen wurde).

benutzt. Das eine Paar wirkt in der direkten Form als Trense: das Pferd kann mit dem direkten Zügel gestellt werden. Das zweite Paar wirkt in der indirekten Form als Kandare: der äußere Zügel kontrolliert, richtet auf und zäumt bei.

Der Reiter kann sein Pferd je nach Situation mehr am äußeren Zügel reiten (mit dem indirekten Kandarenzügel) oder auch am inneren Zügel nachstellen (mit dem direkten Trensenzügel).

Die gängigste Variante der Kombi-Zäumungen ist heutzutage die in der Dressur gebrauchte »Kandare mit Unterlegtrense«. Bei den Westernreitern gibt es die kalifornische Entsprechung: Kandare plus dünnes Bosal (als Trensenäquivalent). Und die texanische (etwas grobere) Version mit einer einzigen gebrochenen Kandare, die mit zwei paar Zügeln benutzt wird – ein Paar mit direkter Wirkung ohne Hebel und ein Paar mit Hebelwirkung.

Diese Zäumungen können in der Hand eines erfahrenden Reiters das eine oder andere Problem bessern.

Grundsätzlich gilt jedoch: Was mit einer milden Zäumung nicht klappt, geht meist auch mit einer schärferen nicht richtig.

Andersherum ist es jedoch gut möglich: Eine milde gebisslose Zäumung kann ein hektisches Pferd mit Maulproblemen oder mit Angst vor der Reiterhand beruhigen und an die Hilfen bringen. Es bekommt Vertrauen zur Hand und zur Zügeleinwirkung, wenn es keine Schmerzen im Maul fürchten muss.

Zurück zur Genickkontrolle

Richtige Kontrolle des Genicks beinhaltet:

Das Genick ist der höchste Punkt.

Die Nase ist vor der Senkrechten.

Das Pferd steht am äußeren Zügel und dehnt sich an die Reiterhand heran.

Genick und Maul des Pferdes befinden sich senkrecht untereinander (kein Verwerfen im Genick).

Das Genick ist locker und »durchlässig« (das Pferd kann sowohl den Rücken festhalten als auch das Genick); die Paraden kommen durch, ohne dass das Pferd gegendrückt oder nach hinten ausweicht.

Kandaren sind nur für gut ausgebildete Pferde geeignet, die mit milden Zäumungen von der Hand weggeritten wurden.

Genickkontrolle ist auch Voraussetzung für korrekte Anlehnung am »Gummiband«.

Die leichte, gummibandartige Zügelanlehnung (siehe auch »An-den-Zügel-Reiten«) ist wiederum die Voraussetzung für schnelle Reaktionen und Korrekturen, weil der Reiter nur mit einem guten (sensiblen) Zügelkontakt in Verbindung mit einem gut ausbalancierten, »stillen« Wahrnehmungssitz schnell genug schon leichte Veränderungen in der Körperspannung des Pferdes erfühlen und deswegen im Ansatz unerwünschten Aktionen begegnen kann. Und sie ist deswegen natürlich Voraussetzung für die Tempokontrolle.

Jede Kontrolleinwirkung ist immer nur dann effektiv, wenn sie **rechtzeitig** erfolgt: dann, wenn das Pferd noch relativ losgelassen und **aufnahmebereit** für eine Veränderung bzw. für eine Korrektur ist.

3 Missverständnisse, Fehler, Diskussionsbedarf

Der Reiter kontrolliert nicht unbedingt das Genick, nur weil das Pferd die Nase unten hat. Liegt das Pferd auf dem Zügel oder geht hinter dem Zügel, so ist die Kontrollwirkung stark eingeschränkt.

Genickkontrolle funktioniert nur, wenn das Pferd wirklich korrekt am Zügel steht.

»Am Zügel gehen« und »durchs Genick« gehen (im Genick nachgeben) bezeichnen prinzipiell das Gleiche. Und »über den Rücken gehen«, »an den Hilfen stehen« gehören auch noch zum gleichen Funktionsbereich.

Tempokontrollen, Trab- und Galopppreprisen werden nur gelingen, wenn das Pferd die reiterliche Kontrolle nicht im Genick abblockt (Versteifen oder Verwerfen im Genick) oder wegpuffert (nach hinten ausweichen oder mit dem Kopf schnicken). Ein schärferes Gebiss führt meist nur dazu, dass das Pferd noch mehr im Genick der Kontrolle des

Maul- und Anlehnungsprobleme können nicht durch Verwendung eines schärferen Gebisses gebessert werden, durch Verwendung einer milderen oder gebisslosen Zäumung jedoch manchmal schon.

Reiters ausweicht. Das mag manchmal optisch besser aussehen, führt jedoch langfristig in die Sackgasse (siehe Versammlung). Viele mit dem Westernreiten in die Ausbildungsarbeit »herüber geschwappten« **Trainingsgebisse** (oft gebrochene Kandaren) verschleiern ein Anlehnungsproblem, weil das Pferd scheinbar damit leicht in der Hand wird (siehe Zäumungen S. 141ff).

Genickprobleme sind fast immer Anlehnungsprobleme. Und beides wird in den allermeisten Fällen durch ein Problem im Rücken des Pferdes – oder im Becken/Rücken des Reiters – verursacht. Diese zugrunde liegenden Probleme müssen zuerst gelöst werden, bevor das Pferd überhaupt im Genick nachgeben kann. Das kann an der Longe geschehen (**Rückentrainer**). Es kann auch unter dem Reiter geschehen – Schulterherein und Schenkelweichen im Schritt bieten sich dafür besonders an, weil das Pferd immer wieder die äußere Seite dehnen muss und diese dann eben auch loslässt. Lässt es »beide äußeren Seiten« los, lässt es schließlich auch den Rücken los.

Tempokontrollen funktionieren nur, wenn die Schwerpunkte von Reiter und Pferd vor der Kontroll- bzw. Korrektureinwirkung übereinander liegen (siehe auch Schwerpunkte in den Wendungen, Kapitel Biegung). Das rennende Pferd mit vorn liegendem Schwerpunkt ist nicht dadurch zu bremsen, dass der Reiter seinen Oberkörper nach hinten wirft. Das verspannte, nicht vorwärts gehende Pferd kann nicht allein durch Vorverlegung des Reiterschwerpunktes in Gang gesetzt werden.

4 + 5 Korrekturmöglichkeiten und gerittene Übungen

Auch hier ist wieder Druckreduzierung angesagt – oder auch das Ausweichen auf eine mildere Zäumung (doppelt gebrochenes Gebiss, Sidepull).
Arbeit auf gebogenen Linien mit vielen Stellungswechseln (aus dem Zirkel wechseln, Schlangenlinien) machen das Pferd im Genick lockerer.
Bei Problemen mit dem Verwerfen sollte auf die breite Zügelführung zurückgegriffen werden.

Verkürzungen des Tempos dürfen nur mit kurzen, schnellen Zügelimpulsen eingeleitet werden. Das Pferd darf keine Möglichkeit bekommen, sich

Feinkontrolle

Genickkontrolle ist die Voraussetzung für korrekte Paraden und für gute Tempokontrolle.

Das Pferd kündigt immer durch Veränderung seiner Körperspannung an, was es zu tun gedenkt. Der Reiter muss diese Veränderung nur schnell genug wahrnehmen, dann kann er schnell und sicher korrigieren.

Feinkontrolle funktioniert über eine leichte Anlehnung und über das »Stillsitzen« im Wahrnehmungssitz mit Minimalspannung.

Genick- und Tempokontrolle sind für die Seitengänge und schließlich für die Versammlung unablässig.

Gerade gestellt zwischen den Zügeln.

gegen den Impuls zu wehren, bzw. ihm seitlich oder nach hinten auszuweichen. Dazu muss jede Parade »richtig« gegeben werden, so dass das Pferd keine Gelegenheit bekommt, sich auf die Hand zu legen.

Bei den Verkürzungen des Tempos und Verstärkungen kann zwischen leichtem Sitz/Leichttraben und dem Vollsitz hin- und hergewechselt werden.

Insbesondere bei den Trabverstärkungen ist das Leichttraben sowohl dem Reiterrücken als auch dem Pferderücken meistens zuträglicher; das Pferd wird sich in den Trabverstärkungen nicht loslassen, wenn der Reiter nicht völlig losgelassen sitzen kann – und das ist meistens, vor allem am Anfang, nicht gegeben. Das Pferd wird also »werfen«, den Rücken mehr oder weniger festhalten und den Reiter mit der Zeit immer schlechter sitzen lassen. Und irgendwann wird es die Verstärkung nicht mehr anbieten, weil es sich dabei nicht wohl fühlt; der Reiter muss dann mit immer kräftigeren treibenden Hilfen einwirken und verstärkt dadurch die falsche Spannung noch ...

Auch bei Pferden, die im Galopp den Rücken festhalten, sollten Tempoverstärkungen im leichten Sitz, in der »Vorwärtsorientierung«, geritten werden, bis sie sauber durchspringen und den Rücken hergeben.

Schwerpunkte übereinander

Bei allen »Tempokontrollen« muss der Reiter darauf achten, dass sein Schwerpunkt zu Beginn der Übung über dem des Pferdes liegt (vgl. auch Schwerpunkte in der Biegung S. 86ff).

Bei einem verhaltenen Pferd wird der Oberkörper des Reiters zu Anfang auch im Entlastungssitz weiter zurückgenommen (aufgerichtet), damit der Reiter nicht vor die Bewegung kommt.

Bei einem rennenden Pferd wird der Oberkörper anfangs mit vorgenommen, so dass der Reiter nicht hinter die Bewegung kommt und sich praktisch vom Maul des Pferdes mitziehen lässt.

Erst danach wird mit der kontrollierenden Einwirkung begonnen:

Das »langsame« Pferd wird mit Stimme, Schenkel und Gerte »flott« gemacht – nötigenfalls anfangs unter Aufgabe der Zügelverbindung.

Das »schnelle« Pferd wird durch vermehrtes Aufrichten im Oberkörper in Verbindung mit vielen halben Paraden gebremst. Stimmhilfen können unterstützend beruhigen, wenn das Pferd sich aufregt.

Ganz wichtig auch bei einem rennenden Pferd: Mit kurzen, schnellen Zügelimpulsen arbeiten! Nachgeben (Druck reduzieren) und loben (mit der Stimme), wo immer sich eine Gelegenheit bietet.

Bei ungezogenen Pferden, die wirklich stark auf die

Genickkontrolle mit dem Anheben der inneren Hand, so dass das Pferd sich nicht auf die Hand legt.

Das Genick ist der höchste Punkt. Das Pferd ist gleichmäßig gestellt und gebogen und damit auf der gebogenen Linie geradegerichtet.

Hand büffeln oder hinter dem Zügel »verschwinden«, können kurze, härtere »Aufwärtsparaden« gegeben werden. Insbesondere im Galopp funktioniert das am besten im leichten Sitz mit aufgerichtetem Oberkörper. Der Reiter führt die möglichst weit vorn stehende innere Hand, situationsbedingt auch mal die äußere oder beide, mit kurzen ruckartigen Bewegungen nach vorn oben, Richtung Maulwinkel und Ohr des Pferdes. Das kann ruhig mal etwas härter sein, denn es ist eine echte Disziplinierungsmaßnahme: Dem Pferd soll unmissverständlich klargemacht werden: »Lass den Kopf oben und leg dich nicht auf den Zügel«.

Im Leichttraben kann der Reiter verzögern, indem er einfach einen Sekundenbruchteil länger sitzen bleibt, bevor er sich vom Pferd wieder hochwerfen lässt.

In den Trabverstärkungen muss der Reiter darauf achten, dass das Pferd nicht während der Verstärkung immer stärker auf die Hand kommt und das Genick »einrastet«. Tut es das, wird es sofort im Tempo zurückgenommen: Paraden geben und etwas länger sitzen bleiben. Erst, wenn das Genick wieder locker ist, wird eine erneute Verstärkung gefordert.

Trabverstärkungen können auch gut auf dem Zirkel geritten werden, weil auf gebogenen Linien die Kontrolle am äußeren Zügel besser funktioniert. Das Pferd kann in der leichten Biegung nicht so schnell das Genick feststellen.

Bei schon gut durchgerittenen Pferden empfiehlt es sich, diese direkt aus der Verstärkung an der langen Seite immer mal wieder zum Halten durchzuparieren, damit sie nicht ins »taktlose« Rennen verfallen und kopflastig werden. Diese Parade aus den Verstärkungen funktioniert am besten aus dem Leichttraben.

In den Galoppverstärkungen ist es wichtig, dass das Pferd dabei nicht »flach« wird und den Hals lang macht. Die dressurmäßige Verstärkung ist kein

oben links und rechts: Locker und entspannt – Losgelassenheit und Balance sind die Voraussetzungen für die Feinkontrolle. Beide Pferde sind hier zwar minimal hinter der Senkrechten, dabei aber völlig entspannt und zufrieden.

Renngalopp. Insbesondere das Einfangen des Tempos gelingt nicht mehr, wenn das Pferd nicht mehr aufwärts galoppiert.

Pferde mit Rückenproblemen können gut über Gangartenwechsel entspannt werden. Besonders die Wechsel »Leichttraben – Galopp im leichten Sitz – Leichttraben« sind gut geeignet, den Lendenbereich des Pferdes zu lockern. Zu achten ist darauf, dass das Pferd während der Parade den Takt, die Haltung und das Grundtempo nicht verliert: Aus einem mittleren Galopptempo wird in ein mittleres Trabtempo pariert und wieder in ein mittleres Galopptempo gewechselt. Das Pferd sollte dabei am äußeren Zügel bleiben und nicht hinter oder über den Zügel kommen, mit dem Kopf schnicken oder sonst eine Unmutsbekundung von sich geben. Auch um einen etwas verhaltenen Trab flotter zu machen sind diese Wechsel gut geeignet.

Um ein Pferd gut auf die Hinterhand zu setzen (siehe Versammlung), sind die Reprisen Galopp-Schritt-Galopp zu empfehlen, später auch im Wechsel mit Außengalopp. Die Wechsel Galopp-Schritt-Außengalopp-Schritt können schließlich in der erschwerten Version auch auf dem Zirkel ausgeführt werden. Der Außengalopp bringt ein weiteres »koordinatorisches Element« in die Übung. Viele Pferde versuchen, sich anfangs im Außengalopp auf gebogenen Linien oder in den Ecken lang zu machen und schneller zu werden – sie fallen auseinander.

Die Wechsel »Leichttraben-Halten-Rückwärtsrichten-Antraben/Aussitzen-Trabverstärkung im Leichttraben und wieder Anhalten« erfordern schon sehr geschmeidige Gelenke in der Hinterhand.

Kurze schnelle regelnde Impulse am Zügel und rechtzeitiges Nachgeben sind bei allen Maßnahmen zur Tempokontrolle (Verkürzen des Tempos) wichtig.

Geht das Pferd hinter dem Zügel oder legt sich darauf, ist die Kontrolle durch den Reiter stark eingeschränkt.

Hier steht das Pferd sauber am Zügel; regelnde Impulse über Paraden werden nicht »weggepuffert«, sondern kommen durch.

Die ausgesessene Kurzversion »Trab-Halten-3 Tritte rückwärts-3 Tritte Trab-Halten-3 Tritte rückwärts-3 Tritte Trab« verlangt extreme Aufmerksamkeit und Geschmeidigkeit vom Pferd. Diese Übungen können auch als Vorbereitung für die Passage dienen.

Am Ende der Schwierigkeitsskala kommen schließlich die Reprisen Galopp-Halt-Rückwärtsrichten-Galopp, die eine extreme Hankenbeugung verlangen. Kombiniert z.B. mit den Viertelpirouetten im Quadrat (siehe S.123ff) dienen sie zur Vorbereitung bzw. Verbesserung der Galopp-Traversalen und ganzen Pirouetten.

Ein korrekter Außengalopp auch auf gebogenen Linien zeigt, dass das Pferd gut ausbalanciert ist und sauber an den Hilfen steht.

1 Lektion

Rückwärtsrichten

Kontrollübung und Versammlungshilfe

2. Wofür ist es gut? Wem dient es? Wie sieht es richtig aus?

Man sagt, das Rückwärtsrichten sei das »Messinstrument« für die Durchlässigkeit des Pferdes. Und diesen Satz kann man durchaus so stehen lassen. Ein Pferd, welches taktrein und ohne Widerstand rückwärts geht, steht an den Hilfen und ist durchlässig.

Mit häufigem Rückwärtsrichten lässt sich ein Pferd gut auf die Hinterhand setzen. Insbesondere, wenn man es in die Gangartenwechsel und Paraden zum Halten einbaut.

Flüssiges Rückwärtstreten ist zudem ein Vertrauens- und Gehorsamsbeweis des Pferdes an den Reiter. Nur ein Pferd, welches seinem Reiter vertraut, lässt sich widerstandslos rückwärts richten, denn direkt hinter sich kann es nicht sehen, wohin es tritt.

Rückwärtsrichten

In der Herde ist das Ausweichen rückwärts eine Demutsgeste. Der Rangniedrige räumt das Feld. Rückwärts gerichtet wird im Normalfall möglichst auf gerader Linie. Das Pferd soll dabei die Hinterhand senken, die Schulter anheben und im Genick nachgeben. Das dressurmäßige Rückwärtsrichten erfordert prinzipiell die gleiche Haltung wie das Vorwärtsreiten. Wichtig ist, dass das Pferd nicht mit den Hufen über den Boden schleift. Tut es das mit der Vorhand, so hält es die Schulter fest und drückt den Hals hoch (meist geht es dabei auch nicht durchs Genick). Schleift es die Hinterbeine über den Boden, will es die Gelenke nicht beugen (Hankenbeugung) und kein Gewicht aufnehmen. Dabei hält es oft den Rücken im Kreuzdarmbein/Lendenbereich fest.

Die Hilfen für das Rückwärtsrichten bestehen aus aktiven Schenkelhilfen und passiven Zügelhilfen. Ob der Reiter den Rücken des Pferdes be- oder entlastet richtet sich nach dem Ausbildungsstand des Pferdes bzw. orientiert sich an speziellen Problemen, die von Pferd zu Pferd unterschiedlich sind.

Neben dem geraden Rückwärtsrichten gibt es jedoch auch das gebogene Rückwärtsrichten und das gerichtete oder gelenkte Rückwärtsrichten.

oben von links nach rechts:
Bevor das Pferd korrekt rückwärts gehen kann, muss es korrekt stehen.
1 Das Pferd wehrt sich durch Hochdrücken des Halses gegen das Reitergewicht und das stark »reingehängte Kreuz« der Reiterin.
2 Die Reiterin lässt das Kreuz los und das Pferd entspannt sich.
3 Es setzt die Hinterhand unter und gibt im Genick nach.
4 Nun steht das Pferd im Großen und Ganzen geschlossen (es könnte die Hinterbeine etwas besser untergesetzt haben). In dieser Haltung kann erst mit dem Rückwärtsrichten begonnen werden. Alles andere würde im Ziehkampf enden.

unten: Rückwärts in guter Haltung mit der Aufforderung »beweg die Beine« durch einen vibrierenden Schenkel.
unten rechts: Das Gleiche mit einem anderen Pferd, welches die Hinterhand besser untergesetzt hat, aber auch deutlich mehr unter Spannung steht.

3

4

Mit dem **gebogenen Rückwärtsrichten** kann man das innere Hinterbein extrem fordern. Es sollte im Training nur eingesetzt werden, wenn das Pferd schon sauber geradeaus rückwärts tritt. Allerdings kann man es auch zur Korrektur des schiefen Rückwärtstretens (wenn das Pferd mit einem Hinterbein seitwärts ausweicht) einsetzen.

Das **gelenkte Rückwärtsrichten** wird im Trail eingesetzt, wenn z.B. das Pferd rückwärts durch eine L-Form geritten wird. Das Pferd ist dabei nicht gebogen. Es besteht aus 2 Phasen – geradem Rückwärtstreten und einer Kombination aus Vor- und Hinterhandwendung in der Ecke. Dieses gelenkte

Rückwärtsrichten ist eine reine Koordinations- und Gehorsamsübung und als solche für die Feinabstimmung eines Reiter-Pferd-Paares sehr hilfreich. Es hat keinen gymnastizierenden Wert, kann aber auch zur Korrektur des schiefen Rückwärtsrichtens eingesetzt werden. Für die »Lenkung« gilt dabei: **Wird die Vorhand in eine Richtung gestellt, so weicht die Hinterhand in die Gegenrichtung aus.**

3 Missverständnisse, Diskussionsbedarf, Fehler

Rückwärtsrichten ist kein Rückwärtsziehen. Das Prinzip des Rückwärtsrichtens ist Folgendes: Das Pferd wird aufgefordert, die Beine zu bewegen und dann wird es nach vorne nicht herausgelassen – also bewegt es die Beine rückwärts. Die Zügel haben also auf keinen Fall die Funktion, das Pferd damit nach hinten zu bugsieren, sondern verhindern nur, dass sich das Pferd vorwärts bewegt (passive Einwirkung).

Die häufigsten Reiterfehler

Das Pferd mit dem Zügel rückwärts ziehen wollen

Zu spät nachgeben, wenn das Pferd den ersten Tritt

rückwärts signalisiert (wenn es die Schulter oder einen Vorderfuß anhebt).

Mit dem Schenkel klemmen statt locker aus dem Fußgelenk zu vibrieren.

Den Schenkel zu weit hinten einsetzen, übers Knie aus dem Sitz herauskippen.

Zu schnell rückwärts richten bzw. zulassen, dass das Pferd rückwärts rennt.

Die häufigsten Ausweichmanöver des Pferdes

Den Hals hochdrücken und dabei die Vorderbeine über den Boden nach hinten schleifen.

Die Nase in die Luft strecken (und dabei auch wieder den Unterhals herausdrücken und die Vorderbeine über den Boden schleifen)

Den Rücken wegdrücken, dabei die Schulter nach unten drücken; sowohl Hinterbeine als auch Vorderbeine schleifen über den Boden.

Mit der Nase hinter die Senkrechte »abtauchen« und dabei die Hinterhand nach hinten herausstellen.

Ein Hinterbein seitlich herausstellen – schief rückwärtsgehen.

Stocksteif stehen bleiben und die Aufforderung des Reiters zur Bewegung ignorieren.

Unkontrolliert rückwärts rennen.

4 Korrekturmöglichkeiten, Verbesserungsvorschläge

Beim Rückwärtsrichten kommen alle konzeptionellen und Haltungsfehler, die sich in der Vorwärtsbewegung zeigen, verstärkt zum Vorschein. Deswegen kann man auch mit dem Rückwärtsrichten seine Vorwärts-Arbeit gut überprüfen. Probleme beim Rückwärtsrichten sind immer auch ein Warnsignal für Verspannungen bzw. Brüche im Spannungsbogen in der Vorwärtsbewegung. Und für Gehorsamsprobleme.

Auf die Gefahr hin, mich zu wiederholen: Auch bei Problemen mit dem Rückwärtsrichten muss der Druck reduziert werden statt verstärkt.

Pferde, die stur stehen bleiben und kein Bein bewegen, müssen durch »vibrierende« Schenkel-Hilfen aufgefordert werden: Der Reiter »wackelt« dazu nur ein wenig in den lockeren Fußgelenken; er federt beide Fußspitzen im Bügel kurz zum Pferd hin und lässt sofort wieder los. Das ist eine sehr kurze Bewegung, die oft und schnell wiederholt wird. Sie verhindert vor allem, dass der Reiter sich und sein Pferd durch langes Andrücken von Schenkel und Knie (= Klemmen) im Rücken blockiert. Zudem wird das Pferd wieder auf den leichten Schenkeldruck sensibilisiert (das ist das gleiche Prinzip wie bei der Resensibilisierung stumpfer Pferde in der Vorwärtsbewegung).

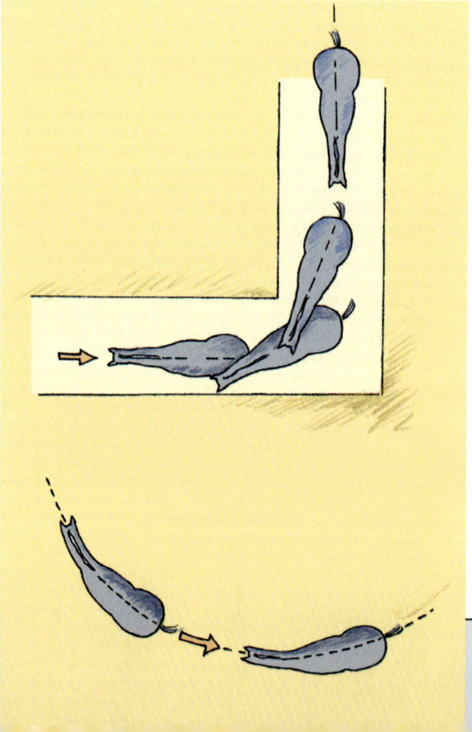

gebogenes und gelenktes Rückwärtsrichten (in der L-Form)

Für das Rückwärtsrichten kommen aktive Schenkelhilfen und passive Zügelhilfen zum Einsatz. Ergänzend kann immer die Stimme eingesetzt werden: zur Verdeutlichung der anderen Hilfen, aufmunternd und vor allem lobend.

Bei allen Problemen sollte der Reiter als ergänzende Hilfe auf seine Stimme zurückgreifen. Auf ein leises verbales »Zurück« reagieren viele abgestumpfte Pferde sehr gut.

Bei den Hilfen zum Rückwärtsrichten hält der Reiter eine möglichst leichte Verbindung zum Pferdemaul, um sofort eine Parade geben zu können, wenn das Pferd vorwärts antreten will.

In dem Moment, wo das Pferd die Schulter anhebt und eine Bewegung nach hinten signalisiert, müssen sofort die Zügel nachgegeben werden. Auch, wenn das Pferd nur einen winzigen Schritt nach hinten macht, muss dieser durch Nachgeben und mit lobender Stimme belohnt werden. Es ist in dieser Phase auch noch nicht von Bedeutung, ob das Pferd dabei am Zügel steht. Es kann ruhig die Nase nach vorn strecken. Wichtig ist in diesem Augenblick nur, dass das Pferd nicht gegen die Hand drückt. Der Reiter darf dem Pferd, wie auch bei jeder Parade, keine Möglichkeit geben, sich auf den Zügel zu legen oder dagegen zu gehen.

Am Anfang muss dem Pferd langsam und vorsichtig jeder einzelne Tritt rückwärts in dieser Form entlockt werden. Das kann ein kleines Geduldspielchen werden und fordert dem Reiter manchmal viel Selbstbeherrschung ab.

Erst viel später kann der Reiter daran gehen, die Haltung des Pferdes im Rückwärtsrichten zu korrigieren (Genickkontrolle).

Gerteneinsatz zum Rückwärtsrichten

Nun gibt es Pferde, die sich nicht sofort mit dem vibrierenden Schenkel in Bewegung setzen. Sie stehen steif wie ein Sägebock und lassen den Reiter »auflaufen«. Hier kann der Einsatz der Gerte helfen. Der Reiter kann sie als zusätzlichen »Signalgeber« einsetzen, indem er das Pferd an Schulter oder auch Hinterhand antippt und ihm damit sagt: »ich will, dass du dich bewegst«. Die Gerte verstärkt das leichte Schenkelsignal. Der Gerteneinsatz sagt nichts über die Bewegungsrichtung aus. Die Richtung wird durch das passive Gegenhalten am Zügel bzw. durch eine Parade, das Verhindern der Vorwärtsbewegung, vorgegeben. **Das Pferd soll sich bewegen und vorwärts darf es nicht – also bewegt es sich rückwärts.**

Viele Reiter finden es zuerst widersinnig, ein Pferd, welches rückwärts gehen soll, mit der Gerte aufzufordern; bei den meisten klappt es jedoch sofort. (Auch zur Verstärkung einer Parade kann man die Gerte einsetzen mit der Bedeutung: »Ich will, dass du die Hinterhand unterschiebst«. Hier ist jedoch nur der Einsatz hinten sinnvoll).

Schiefes Rückwärtsrichten korrigieren

Nun gibt es noch andere Möglichkeiten, wie sich das Pferd dem korrekten Rückwärtsrichten entziehen kann. Die beliebteste ist das Ausweichen mit einem Hinterbein zur Seite – das schiefe Rückwärtstreten. Davon ist jedoch immer nur eine Seite betroffen – nämlich die Seite, auf der das Pferd Schwierigkeiten mit dem Beugen des Hinterbeines hat.

Das Pferd tritt dann schief rückwärts, wenn es nicht richtig gerade gerichtet wurde, wenn also ein Hinterbein weniger Last aufnehmen will, weil es steifer ist. (Probleme mit einem Hinterbein können allerdings auch verletzungsbedingt sein.)

Die Korrektur sollte deswegen auch anfangs an anderer Stelle erfolgen – nämlich über Biegearbeit in Wendungen und im Schulterherein auf der schlechteren Seite, um das betreffende Hinterbein zu kräftigen.

Die Korrektur im eigentlichen Rückwärtsrichten muss langsam und eher vorsichtig geschehen, denn über solche Steifheiten sollte man nicht mit Gewalt hinwegarbeiten. Das Pferd wird dazu in die Richtung gestellt, in die das Hinterbein ausweicht. Weicht z.B. das rechte Hinterbein zur Seite aus, so wird das Pferd mit der Vorhand nach rechts herübergenommen und rechts gebogen. Dadurch muss es mit dem rechten Bein auf einmal Gewicht aufnehmen, denn dieses Bein ist in der Biegung zum inneren Hinterbein geworden. Anfangs reichen 2–3 langsame gerade Tritte, um das Pferd zu loben und wieder nach vorne zu entlassen.

Rückwärtsrennen korrigieren

Es gibt auch Pferde, die sich dem korrekten Rückwärtstreten durch Schnelligkeit entziehen. Oft blockieren sie anfangs total, um dann plötzlich nach hinten loszurennen – meist krumm und schief und oft hinter dem Zügel. Während sie rückwärts sausen, ist der Reiter relativ machtlos. Er sitzt am besten still im Sattel und wartet, bis sie wieder aufhören – fordert evtl. mit der Stimme zum Vorwärts auf und setzt notfalls auch mal die Gerte mit etwas mehr Nachdruck ein, um das Pferd daran zu erinnern, dass da auch noch ein Reiter draufsitzt. (Achtung: Dabei nicht am Zügel ziehen!)

Wenn ein solches Pferd schließlich wieder angehalten hat, lässt man es eine Weile ruhig stehen (zum »Nachdenken«). Dann kann man erneut mit den Hilfen zum Rückwärtsrichten beginnen. Auch bei diesen »überreagierenden« Pferden ist es wieder sehr wichtig, nur mit ganz leichten vibrierenden Schenkel-Hilfen zu arbeiten und nicht zu viel Druck am Zügel zu machen. Jeder Tritt rückwärts sollte einzeln abgerufen und mit einer Stehpause am mehr oder weniger losen Zügel verbunden werden (zumindest ohne Zügeldruck). Nur, wenn das Pferd unaufgefordert nach vorn antreten will, kann der Zügel etwas stärker einwirken, können energischere Paraden gegeben werden – am besten verbunden mit einem deutlichen verbalen »Nein« oder »Halt«.

Das Pferd schleift die Hinterbeine über den Boden und verkriecht sich hinter dem Zügel

Hier kann der Reiter gute Korrekturergebnisse mit den zusätzlichen Gertensignalen erzielen.

Oft tauchen solche Pferde vorne hinter die Senkrechte. Ein Anheben beider Zügel Richtung Ohren des Pferdes tut ein Übriges, um die Schulter des Pferdes oben und die Hinterhand gesenkt zu halten.

5 Gerittene Übungen und Trockentraining

Der Reiter sollte die vibrierende Schenkelhilfe üben – ein Holzpferd mit Sattel wäre die ideale Möglichkeit. Für diese Hilfe ist der Bügel unerlässlich. Ohne Bügel funktioniert sie nicht.

Über autogenes Training und die eingangs beschriebenen Feldenkraisübungen kann er sich der unnötigen Spannung im eigenen Körper bewusst werden, um das Rückwärtsrichten nicht mit zuviel Druck und Körperspannung einzuleiten.

Durch Biegung in Wendungen und Seitengängen muss das Pferd gerade gerichtet und über den Rücken geritten werden, um beim Rückwärtsrichten nicht zu blockieren oder seitlich auszuweichen. Zudem muss es gelernt haben, den Zügel anzunehmen.

1 Lektion · Ausbildungsziel

Versammlung

Mit den Unterthemen: »körperliche und psychische Voraussetzungen für die Versammlung«, »Schubkraft in Tragkraft umwandeln«

2 Was ist damit gemeint? Wem nutzt es? Wie sieht es richtig aus?

»Versammlung« ist neben dem »An-den-Zügel-Reiten« (An-die-Hilfen-Stellen) wohl das am meisten fehlinterpretierte Ausbildungsziel.

Versammlung bedeutet: Das Pferd konzentriert sich stärker auf die Signale des Reiters und es setzt sich stärker auf die Hinterhand. Dadurch wird die Vorhand beweglicher und die Zügelanlehnung leichter. Das Pferd kann schneller auf Gewichtshilfen des Reiters reagieren; seine Stützbasis auf den vier Hufen wird kleiner, damit allerdings auch instabiler. Schnelle Richtungs- und Tempoänderungen mit minimalen Zügelhilfen werden möglich.

Versammlung hat zwei Hauptkomponenten: eine körperliche und eine psychologische.

Beginnen wir mit der körperlichen Seite:

Das Pferd muss im Verlauf der Ausbildung lernen, sich ständig neu unter dem Reiter auszubalancieren. Kurz: Es muss den Vorgaben des Reiters über die Gewichtshilfen folgen können. Zuerst tut es dies in flottem Tempo und mit flach gewölbtem Spannungsbogen (Dehnungshaltung). Die Stützpfeiler Vorder- und Hinterbeine liegen weit auseinander (weite Stützbasis); die Hinterbeine schieben das Pferd samt Reitergewicht kraftvoll nach vorne. Das ist die Schubkraft, die für eine energische Vorwärtsbewegung gebraucht wird. Hinterhandaktivität und Schubkraft sind die Voraussetzungen, um ein Pferd in der Grundausbildung »an den Zügel« reiten zu können. Im Verlauf der Ausbildung

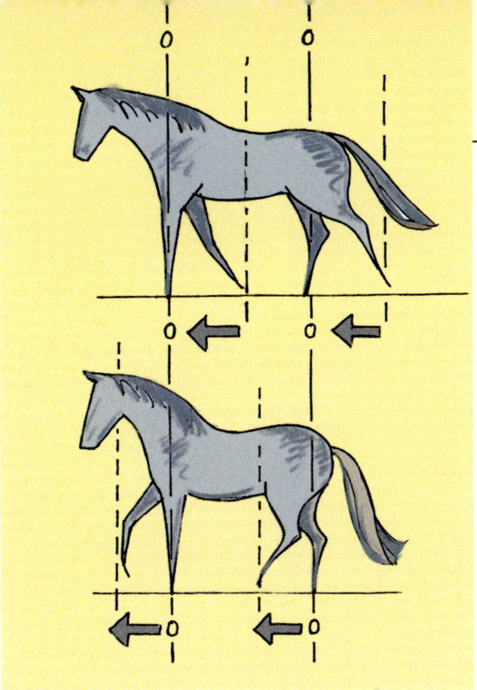

Vorwärtsorientierte Schubkraft (oben) und aufwärtsorientierte Tragkraft (unten).

soll ein Teil der »Vorwärtsenergie« der Pferdebewegung in eine »Aufwärtsenergie« (Federkraft, Schwung, Kadenz) verwandelt werden. Dafür muss ein Teil der Schubkraft der Hinterhand in Tragkraft umgewandelt werden.

Über die verschiedenen Biegeübungen und Seitengänge hat das Pferd gelernt, sein jeweils inneres Hinterbein zu belasten (das innere Hinterbein ist tragkräftig geworden). Es hat gelernt, dies auf beiden Händen gleichmäßig zu tun und ist dementsprechend gerade gerichtet, denn es tritt auf der Geraden mit den beiden Hinterbeinen gleich weit vor. Eine Parade wirkt direkt auf die Hinterbeine.

Für die Versammlung spannt nun der Reiter durch halbe Paraden den Spannungsbogen stärker.

Das Pferd beugt die Hanken – es setzt sich, faltet praktisch die Hinterbeine in den Gelenken zusammen und erzeugt damit eine elastische Federung. Der Spannungsbogen wölbt sich stärker und bekommt Aufwärtstendenz (das Pferd hebt Schulter und Genick an).

Ist die Muskulatur in der Hinterhand des Pferdes jedoch nicht gut genug gekräftigt, sind die Hinterbeine also nicht tragfähig genug, so kann der Reiter den Bogen nicht stärker spannen. Das Pferd wird dann versuchen, sich bei den Paraden auf die Hand zu legen, um vorne eine Stütze zu suchen und damit die Belastung von den Hinterbeinen wegzunehmen.
Wo also die Tragfähigkeit und Elastizität der Hinterhand nicht gegeben ist, kann richtige Versammlung nicht stattfinden.

Kommen wir nun zur psychischen Seite ...

Das Pferd muss dem Reiter vertrauen, um sich versammeln zu lassen.

Insbesondere muss es Vertrauen zur Hand und zu seinen Gewichtshilfen haben. Muss es fürchten, dass der Reiter es durch ausladende Oberkörperbewegungen aus dem Gleichgewicht bringt, so wird es ungern seine breite Stützbasis mit der relativen Instabilität in der Versammlung vertauschen. Hier greifen die psychischen und körperlichen Voraussetzungen ineinander.
Das Pferd muss jedoch auch ruhig und ausgeglichen sein, sich also in vollkommener psychischer Balance befinden. Nur dann ist es überhaupt arbeitsbereit. Und nur dann ist es aufmerksam und konzentriert genug, um seine gesamte körperliche Leistungsfähigkeit in den Dienst der Forderung des Reiters an Versammlung zu stellen. Es darf nicht mit halbem Auge nach dem Monster am Rande schielen oder sich der anstrengenden Arbeit mit den Hinterbeinen durch Flucht nach vorn entziehen wollen.

Einige optische Kriterien für richtige Versammlung:

Richtige Versammlung bringt weiche, harmonische, leichte, tänzerische Bewegungen hervor. Pferd und

Die Galopp-Pirouette als Ausdruck hoher Versammlung. Die Hinterhand trägt und steht, die Vorhand ist frei.

Reiter konzentrieren sich voll aufeinander und blenden die Umwelteinflüsse zu einem großen Teil aus.
Überall dort, wo eine Bewegung am Boden zu kleben scheint und schwer aussieht, ist keine Versammlung im Spiel. Das Gleiche gilt für eine Hinterhand, die optisch nach hinten herausgestellt erscheint.
Versammlung funktioniert, wie alles beim Reiten, »von hinten nach vorn«.
Versammlung ohne Energie aus der Hinterhand bzw. ohne entwickelte Tragkraft ist nicht möglich. Tragkraft wiederum ist ohne Hankenbeugung nicht vorhanden.
Versammlung benötigt Schwung: einen frei schwingenden Rücken und Spannkraft in den Gelenken, Sehnen und Muskeln.

3 Missverständnisse, Diskussionspunkte

»Versammelt« ist nicht gleich »langsam«

Einem »langsam gemachten« Pferd fehlt jedoch

Starke Winkelung der Hanken.
Das Pferd setzt sich auf die Hinterhand.

der Schwung und die aktive Hinterhand. Beim Westernreiten wird oft das »Pleasure-Tempo« mit versammelt bezeichnet. Jedoch sind die Pferde für eine »Pleasure-Prüfung« keinesfalls versammelt worden. Ziel der Übung ist vielmehr, die Rückenbewegung der Pferde zu minimieren, um den Reiter bequem sitzen zu lassen. Dazu werden sie sehr tief eingestellt und sehr langsam geritten. Dass sie dabei im Allgemeinen auf die Vorhand kommen und insbesondere im Galopp den klaren Takt verlieren (Vierschlag-Galopp) zeigt, dass diese Art des Langsam-Reitens mit Versammlung nichts zu tun hat. Das richtig versammelte Pferd wird taktreiner und schwungvoller. Zur Ehrenrettung des Westernreitens sei hier jedoch erwähnt, dass es durchaus Prüfungen gibt, die ein richtig versammeltes Pferd erfordern – insbesondere die Reining, die Westerndressur.

»Schwung« ist nicht gleich »Verspannung«

Ein Pferd, welches gespannte Tritte zeigt und unaufgefordert im Trab eine Art Passage anbietet ist mitnichten versammelt, auch wenn es einen Teil seines Vorwärtsschubes aufwärts richtet. Es hält den Rücken fest oder drückt den Unterhals heraus und vor allem bleibt die Hinterhand hinter der Bewegung zurück. Oft sieht man bei solchen Pferden eine hohe Kruppe; sie können sich nicht setzen, weil die Hinterhandgelenke nicht elastisch federn, sondern steif und relativ ungebeugt bleiben (keine Hankenbeugung). Die Geschmeidigkeit und die Tragkraft reichen für eine richtige Versammlung nicht aus.

Der Schraubstockeffekt

Reiter, die ihre Pferde zu früh oder stärker als zum derzeitigen Zeitpunkt möglich, versammeln wollen, arbeiten oft mit zu viel Druck von beiden Seiten (vorne und hinten); sie versuchen, die Hinterhand mit Gerte und Sporen vermehrt zu aktivieren und halten vorne am Zügel gegen, so viel sie nur können – womöglich noch mit Schlaufzügeln. Wie schon im Kapitel »An-den-Zügel-Reiten« beschrieben, ist der einzige Effekt, den sie damit erreichen, ein zähes, abgestumpftes Pferd, was weder freiwillig vorwärts geht, noch leicht an der Hand ist.

Schärfere Gebisse?

Ein weit verbreiteter Trugschluss ist es, mit schärferen Gebissen die Vorwärtsbewegung besser kontrollieren zu können. Die meisten Pferde stützen sich jedoch auch mit den schärferen Gebissen immer stärker in der Reiterhand ab, wenn sie nicht durch korrekte Grundausbildung von der Hand weggeritten wurden.

Prinzipiell gilt: was mit Trense nicht geht, geht mit Kandare auch nicht. Die Kandare ist nicht dazu da, ein Pferd von der Hand wegzureiten.

4 Korrektur- und Verbesserungsmöglichkeiten, prinzipielle Lösungsansätze

Überprüfen Sie, ob das Pferd schon weit genug gymnastiziert und seine Hinterhand tragfähig ist, bevor Sie ans Versammeln denken. Häufige Wechsel Trab-Anhalten-Rückwärtsrichten-Trab gymnastizieren und kräftigen die Hinterhand, machen die Hinterbeine geschmeidig. Später sind die Folgen Handgalopp-Schritt-Außengalopp-Schritt-Handgalopp und schließlich auch Galopp-Halten-Rückwärtsrichten-Galopp möglich, die die Beugefähigkeit der Gelenke in der Hinterhand und damit die Tragkraft stark verbessern.

Treten beständig Schwierigkeiten auf, hilft nur »Back to the Roots«:

Ein Pferd, welches auf der Hand hängt oder gegen die Hand geht bzw. den Rücken festhält, kann sich nicht versammeln und muss in einfacheren Übungen konsequent vom Zügel weggeritten werden. Es darf keine Stütze in der Reiterhand finden.

Manchmal kann es sinnvoll sein, die Zügelverbindung kurzfristig aufzugeben.

Auch der Wechsel zu einer gebisslosen Zäumung – auch als Zusatzzäumung (wenn das Pferd zum Rennen oder Aufregen neigt) – kann helfen. Bei Pferden, die mit dem Gebiss schlechte Erfahrungen gemacht haben, wirkt ein Wechsel zu einer milderen Zäumung, die auf die Nase wirkt (Bosal, Sidepull oder zur Not auch Halfter) oft Wunder.

Pferde, die sich aufregen, müssen wieder ruhig werden, bevor mit den versammelnden Übungen begonnen bzw. fortgefahren wird. Andernfalls fehlt ihnen die notwendige Konzentration.

Manchmal kann es gut sein, eine völlig andere Übung dazwischenzuschalten, wenn das Pferd sich aufregt. Auch hierbei können einfache Trailhindernisse hilfreich sein, weil sie das Pferd mit völlig anderen Anforderungen konfrontieren.

Versammlung ist zwar nicht kinderleicht, aber sie ist eher durch Reduzierung des Kraftaufwandes als durch dessen Verstärkung zu erreichen.

Zu Beginn der Arbeit an versammelnden Übungen können die meisten Pferde die Versammlung noch nicht lange halten. Deswegen sollte der Reiter nie zu lange im versammelten Tempo arbeiten sondern dieses immer wieder durch flottes Vorwärtsreiten unterbrechen. Damit verhindert er Verspannungen des Pferdes aufgrund von Muskelermüdung. Außerdem erhält er damit den für die Versammlung dringend notwendigen Vorwärtsdrang.

5 Gerittene Übungen

Häufiges Wechseln von Tempo und Gangart bietet sich an – mit kurzen, schnellen Zügelimpulsen, wie bei der Resensibilisierung beschrieben.

Häufiges Anhalten, Rückwärtsrichten und wieder Antraben/Angaloppieren, um die Gelenke geschmeidig zu machen und die Kraft der Hinterhand zu steigern.

Bewusstes Loslassen am Zügel bei Paraden zum Halten bringt das Pferd ganz schnell dazu, sein Gleichgewicht über das Untersetzen der Hinterhand zu wahren, statt sich vorn abzustützen.

Wer erlebt hat, wie auf einmal die Hinterhand tief kommt und die Schulter des Pferdes leicht wird, wenn der Zügel nach einer kurzen Parade völlig losgelassen wurde, wird verstehen, weswegen ich bei »kleinen Büffeln« für das Loslassen (und evtl. kurz und hart nachkorrigieren) plädiere. An der nach oben gestreckten Nase des Pferdes sollte man sich in diesem Augenblick nicht stören – das gibt sich von allein wieder. In diesem Moment wollen wir nur die untergesetzte Hinterhand, die leichte Vorhand und die freie Schulter. Der Rest – die Genickkontrolle – kommt später in einem zweiten Schritt.

Alle Seitengänge mit den weiter vorn beschriebenen Stellungswechseln und den Übungen im Quadrat verbessern die Tragkraft und machen das Pferd durchlässiger.

Auch Cavalettiarbeit und kleine Sprünge können die Geschmeidigkeit der Hinterbeine erhöhen.

Das Wechseln von Leichttraben und Aussitzen bzw. im Galopp leichtem Sitz und Aussitzen kann hilfreich sein, genauso wie das Reiten von deutlichen Tempounterschieden im Leichttraben – besonders dann, wenn Pferde zu gespannten Tritten neigen und den Rücken festhalten.

Bei Pferden, die gerne im Trab den Rücken »zumachen«, können alle Seitengänge im Leichttraben geritten werden.

Prinzipiell gilt bei allen Problemen mit der Versammlung: Druck reduzieren, statt Druck verstärken. Das gilt für alle Arten von Druck – am Zügel, mit dem Schenkel und mit dem Kreuz. Reduzieren bedeutet: Intensität und vor allem die Länge des Druckes »zurückfahren«.

Lieber einmal kurz und hart einwirken als ständig halbherzig und ineffektiv.

Bei vielen Problemen hilft das Loslassen sowohl am Zügel als auch im Kreuz sowie das Verändern gewohnter Verhaltens-Muster beim Reiten, manchmal auch ein Ausrüstungswechsel.